Sven Hellinghausen

Roman

AF286027

Für Sabine

Ungekürzte Taschenbuchausgabe
2. Auflage März 2008
© 2008 Sven Hellinghausen
Herstellung und Verlag:
Books on Demand GmbH, Norderstedt
Printed in Germany   ISBN 978-3-8370-1778-6

Bibliographische Information der deutschen Nationalbibliothek:
Die Deutsche Nationalbibliothek verzeichnet diese Publikation in
der Deutschen Nationalbibliographie; detaillierte bibliographische
Daten sind im Internet über http://dnb.d-nb.de abrufbar.

Inhalt

Diese Geschichte ist frei erfunden. Ähnlichkeiten mit lebenden oder verstorbenen Personen sind rein zufällig.

1 Subjekt, Prädikat, Objekt

Auf den ersten Blick sah alles nach einem gewöhnlichen und damit ruhigen Strandurlaub aus - Semesterferien, Meer, Sonne, Strandkorb. Doch eine kleine, simple Frage von Simone riss mich aus meiner Urlaubsidylle und warf mich mit ungeheurer Wucht auf den zwar sandigen, aber dennoch harten Boden der Realität.

"Wie lange haste eigentlich noch?"

Schlagartig brach mit einer Schweißattacke blankes Entsetzen in mir aus.

"Hallo?"

Simone stupste mich unsanft an.

Auch, wenn mir der Hintergrund ihrer Frage ziemlich klar war – es war DAS bestimmende Thema vor dem Urlaub gewesen - beschloss ich zunächst, den Ahnungslosen zu geben und parierte Simones heimtückische Attacke mit einem wortgewandten "Häh?".

"Tu doch nicht so ahnungslos! Wir haben in den letzten Wochen doch oft genug darüber gesprochen! Du weißt genau, was ich meine!"

Und ob ich das wusste. Wie einem in die Enge getrieben Tier blieb mir nur eines zu tun: Ich musste in die Offensive gehen und die Diskussion geschickt in ungefährliches Fahrwasser lenken. Zumindest in diesem Urlaub wollte ich von der leidigen Diskussion verschont bleiben.

Ich blickte so gelassen wie eben möglich.

"Wieso, hast du eine Lebensversicherung auf mich abgeschlossen?" versuchte ich mein Vorhaben in die Tat umzusetzen und ließ meinem noch immer ahnungslosen Gesichtsausdruck ein fast hysterisches Lachen folgen.

Doch das blieb mir schnell im Hals stecken, als ich sah,

was meine Frau in der Zwischenzeit mit einem Stock in den Sand gemalt hatte: S-T-U-D-I-U-M.

Meine Ahnung wurde schreckliche Gewissheit. Sie wollte in der Tat über DAS Reizthema der letzten Wochen reden. Selten hatten wir uns so in den Haaren gelegen, andererseits auch selten solch schöne Versöhnungen gefeiert.

Ich beschloss, das Medium „Galgenmännchen", das sie gewählt hatte, beizubehalten. Vor allem, weil ich dadurch mehr Zeit zum Überlegen gewinnen konnte.

Wortlos und mit einem Gesichtsausdruck, der ein Höchstmaß von Souveränität und Gleichgültigkeit ausstrahlte, nahm ich ihr den Stock aus der Hand. Mit zusammengekniffenen Augen blickte ich ihr zunächst einige Sekunden leicht nickend in die Augen. Wie ein Vater, der seinem Sohn eine kindlich-naive Frage mit einem gütigen Lächeln verzeiht und ihn mit wenigen Worten die Welt erklärt. Oder wie Winnetou, der Old Shatterhand zum letzten Mal in die Augen blickte, bevor er in die finale Schlacht gegen die Bösewichte zog.

Was es letztlich bewirken sollte, war mir selbst nicht ganz klar. Allerdings erfüllte es seinen Zweck: Ich gewann Zeit.

Nach einigen Sekunden war bereits der Zauber der Heldenpose geschwunden und Simone deutete mir durch ihre hochgezogene Augenbraue an, dass ich den Spannungsbogen nicht weiter überdehnen durfte.

Ich blickte ernst auf den Sand und wartete auf eine Eingebung.

Sie blieb aus.

Ich kniete mich vor den Strandkorb und lächelte ihr nochmals mit einem siegesgewissen Lächeln zu und begann umständlich, Buchstaben in den Sand zu malen.

"W-I-E-S-O-L-L-I-C-H-D-A-S-V-E-R-S-T-E-H-E-N?"
hatte ich in den Sand geschrieben und musste dafür einmal um den kompletten Strandkorb kriechen - zur Belustigung der benachbarten Körbe, die schlagartig sämtliche Aktivitäten eingestellt hatten und regen Anteil an unserem Freiluft - Glücksrad nahmen.

"Dreizehn Semester" knurrte Simone, während ich mein Werk zufrieden musterte und mit dem Gedanken spielte, es mit der Digitalkamera für die Nachwelt festzuhalten.

"Subjekt, Prädikat, Objekt..." entgegnete ich und schenkte ihr ein weiteres väterliches Lächeln der Marke `brauchst dich nicht zu bedanken, hab ich gerne gemacht´.

"...oder unterhalten wir uns jetzt im Telegrammstil?"

Hatte ich mit meiner Verzögerungstaktik erfolgreich wieder ein wenig Zeit gewonnen, konnte ich ihre Antwort nur schwer erfassen, da ich zunächst damit beschäftigt war, dem Stock auszuweichen, mit dem sie unter johlendem Beifall der Nachbarkörbe nach mir warf.

"Du bist im dreizehnten Semester!"

"Geht doch!"

Wieder musste ich ausweichen, denn diesmal flog eine ihrer Sandalen in meine Richtung.

"Simone, zehn Semester sind die Regel. Da bin ich mit dreizehn noch gut dabei!", startete ich einen Beruhigungsversuch und setzte mein souveränes Lächeln auf

"Du hast ja noch nicht mal das Grundstudium! Wie lange willst du denn noch studieren? Bis zur Rente?"

Voll auf die Zwölf. Noch direkter ging es wohl nicht.

"Musst nicht beleidigt schmollen!"

"Subjekt! Wer oder was!" entgegnete ich mit erhobenem Zeigefinger.

"Arschloch" erwiderte Simone, ebenfalls mit erhobenem Finger, wenn auch einem anderen.

"Das fehlende `Du´ war mit `Subjekt´ gemeint", versuchte ich die Situation zu entschärfen.

"Du warst auch mit meinem Subjekt gemeint!" zischte Simone und schmollte.

Ich hatte es geschafft! Mühsam ernährt sich das Eichhörnchen! Die Diskussion war zu Ende - vorläufig...

2 Königin Liselotte

"Kaffee oder Tee?" Lieselotte Kohlmann duldete kein langes Zögern. Während sie fragte, schwenkte sie, teils fordernd, teils drohend, den Kaffee in unmittelbarer Nähe unserer Gesichter, so dass Simones Brille in Bruchteilen von Sekunden beschlug. Die Wirtin unserer Frühstückspension ließ allein durch ihr Erscheinungsbild keine Zweifel daran, dass sie alles durchsetzt, was sie will. Ohne wenn und aber. Notfalls auch mit anderen Mitteln.

Ihr Äußeres erinnerte an den Gewinner einer Freak-Show bzw. den Höhepunkt einer Transenparty. Von der Statur eher ein zwei bis drei Zentner schwerer Schiffschaukelbremser, hatte sie sich mühevoll in ein rosa Kittelchen Marke „Tante Emmaladen 1932" in Größe 36 gezwängt. Dafür musste sie eine Spannvorrichtung im Schlafzimmer haben oder die Kräfte von Arnold Schwarzenegger. Oder beides. Dazu kam die unmissverständlich fordernde, tiefe Stimme einer Knastaufseherin, die in spartanischer Wortwahl mit dem Timbre und dem Charme des Terminators und mit zusammengekniffenen Augen keinen, auch nicht den geringsten Widerspruch duldete.

Während ich ohne zu zögern "Tee!" rief, schüttete sie mir bereits mit einem genervten Blick aus dem Fenster Kaffee ein. Ich verzichtete den Rest der Woche auf die Beantwortung ihrer Frage, die mir eh nur rhetorischer Art zu sein schien.

In ihrem kleinen Reihenhäuschen, das sie bis unter das Dach mit Gästezimmern ausgebaut hatte, herrschte sie mit eisernem Regiment. Es gab kaum einen Fleck, an dem keine Hinweis- und Verbotsschilder klebten, die sie wohl, wie die geschmackvollen Bilder Marke "gestickter Auerhahn" und "fußgemalter Dürer-Hase" mit der Wasserwaage ausgerichtet hatte. Betrat man ihr Reich, gab man jegliches Recht auf Selbstbestimmung ab. Man verschmolz mit ihrer Einrichtung, wurde zur Ameise im Reihenhaufen von Königin Liselotte.

Das Symbol "Rauchen verboten" in Größe einer Bahnhofsuhr prangte in jedem Zimmer an der Wand - so auch im so genannten Frühstücksraum, gegen den jede dunkle Bahnhofsgaststätte eine gastliche und freundliche Lokalität war.

In der 40er-Jahre-Anrichte, die hervorragend zur Tapete und den historischen Bodenbelägen passte, lag eine Spielesammlung, die seit Jahrzehnten für Stimmung bei Groß und Klein sorgte (Achtung: Das Spielen hat leise und gemäß der beiliegenden Spielregeln zu erfolgen!). Klassiker wie "Schwarzer Peter", "Fang den Spitz" und "Bomben auf England" sorgten seit der Jahrhundertwende für grenzenlosen Spielspaß bei Jung und Alt (Achtung: Die Spielfiguren sind gezählt! Mitnehmen wird geahndet).

Rechts an der Anrichte war eine Inventarliste des Geschirres in der Kommode, das "für die Allgemeinheit" zur Verfügung stand (Achtung: Das Geschirr ist bei Gebrauch sorgsam zu behandeln und unmittelbar nach Gebrauch gereinigt an den markierten Stellen wieder der Allgemeinheit zugänglich zu machen). Wahrscheinlich traten ihr Mann Heinz und ihr dämlicher Sohn Albert einmal die Woche zum Zählappell an und inventarisierten den gesamten Hausstand.

Die Listen fanden sich auch auf den Zimmern (Die Kleiderbügel sind registriert!) und in dem einen Badezimmer, das von der Allgemeinheit, sprich rund fünfundzwanzig Gästen und deren Kindern, genutzt wurde. Die Königin hatte zwar ein eigenes, ging aber "zu Kontrollzwecken" gerne auch einmal auf das Ameisenklo.

Während Simone auf die Frage "Kaffee oder Tee" einfach "Kakao" antwortete und Königin Liselotte kurzzeitig aus der Bahn geworfen hatte, fiel mein Blick in den Garten, in dem Heinz, die erste Arbeitsameise, die Familienkarosse vorfuhr. Es war ein uralter, babyblauer Ford Granada, der so hässlich war, dass sich wohl selbst der Rost zu schade war, sich auf ihm niederzulassen. Heinz läutete damit das wöchentliche Ritual ein:

Mit dem Kommando "Heinz - Fahr mich mal um den Block" gab sie regelmäßig der Arbeitsameise den Auftrag, sie - standesgemäß hinten sitzend - durch die Gegend zu chauffieren, "damit man mal unter Leute kommt". Die Besonderheit daran war, dass sich unsere Pension auf einer kleinen Nordseeinsel befand, die außer einer Hauptstraße und einem Leuchtturm nichts an Infrastruktur zu bieten hatte. Trotzdem waren sie in der Regel einige Stunden unterwegs, die das Ameisenvolk im Reihenhaufen stets zu nutzen wusste.

Für eine kurze Zeit kehrte Leben in die sterile und freudlose Pension ein. Kinder spielten laut lachend im Treppenhaus, es wurde länger als 2 Minuten (und vor allem warm) geduscht, man rauchte in Ruhe auf dem Klo.

"Ich bin mal eben um den Block. Ist doch alles in Ordnung hier, oder?" knarzte die Königin und schaute mit kritischem Blick in die Runde. Das erwartungsvolle Kauen der Frühstücksrunde wich einem immer eifrigeren Nicken. Wie eine Gruppe von Wackeldackeln auf Heinzens Porno-Granada-Hutablage hofften sie auf das baldige Verschwinden der Spaßbremse. Sie wurden nicht enttäuscht. Königin Liselotte verließ ihr Reich und tuckerte in ihrer babyblauen Karosse Richtung Leuchtturm.

Ehe die ganzen Raucher das entstandene Machtvakuum auf der Toilette nutzen konnten, wollte ich meine erste große Aufgabe des Tages verrichten, die ohne Ausnahme und regelmäßig durch den Schlüsselreiz `Kaffee´ ausgelöst wird. Dieser Moment am Morgen, der für meinen Biorhythmus extrem wichtig ist, entscheidet maßgeblich darüber, wie der Tag wird. Und gemessen an dem, was geschah, sollte es kein guter Tag werden...

Kaum hatte die Königin das Reich verlassen, startete der Wettlauf der Nikotiniker, die ihre Chance auf eine herrenlose Raucherkabine mit Abwasseranschluss nutzen wollten.

Seit dem Starten des babyblauen Granada im Vorgarten hatten wir alle in den Startlöchern gesessen. Manifestiert in unserem Blick der eiserne Wille, Erster zu sein. Der Erste am Ort der inneren Einkehr und Entspannung. Der Herr der Kraft spendenden Oase der Glückseligkeit inmitten der alles regelnden Ordnungswut der Pension Kohlmann. Mir als bekennendem Nichtraucher ging es darum, die Toilette vor den Brandopfern der Nikotiniker zu erreichen.

Um meinem Vorhaben einen Schritt näher zu kommen, hatte ich bereits, als wir Platz genommen hatten, meinen Fuß unauffällig neben den Tisch gestellt und mit den beiden freien Stühlen unseres Vierertisches die Nachbartische vom Weg zur Tür taktisch abgeschnitten.

Während die anderen Pensionsbesucher noch nicht den Hauch einer Ahnung von meinen Vorbereitungen hatten

und ihre neu gewonnene Freiheit genossen, schnellte ich wie ein Hundertmeterläufer aus der Startposition und stürmte zur Tür und kollidierte dort hart mit Herrn Meyer-Tippelmann, der wohl die gleiche Idee hatte.
Glücklicherweise war der Endsechziger nicht mehr so ganz sicher auf den Beinen, so dass ich den Spurt zum ersehnten Ziel auf der steilen Pensionstreppe für mich entscheiden konnte. Atemlos aber unendlich glücklich stand ich am lange ersehnten Ort.

3 Still ruht der See

Kohlmanns Toilette lud optisch und geruchlich nicht unbedingt zu längerem Verweilen ein. Jeder, der einmal eine viel besuchte Bahnhofstoilette oder den Klowagen des Intercity München-Hamburg zur Sommerreisewelle besucht hat, weiß ansatzweise, was ich meine und hätte nach einem Besuch der Ameisentoilette die anderen Sanitär-Etablissements mit Kusshand zu würdigen gewusst.

Aber das war mir egal. ICH hatte den Wettlauf um das nikotinfreie Klo gewonnen, ICH würde bestimmen, wie lange ich hier drin und die anderen armen Würstchen vor der Tür leiden müssen, ICH...
Es hämmerte gegen die Tür.
"Raus da! Ich muss ganz dringend!" japste es von draußen.
"Verpissen Sie sich, Tippelmeier"
"Grandioser Scherz! Bitte, ich hab Durchfall!"
Ein leises Gluckern von jenseits der Tür schien das Gesagte zu bestätigen. Mir war es ganz egal, denn ICH hatte die Macht!
"Kratzt mich nicht. Sparen Sie sich Ihre Details für das Angucken der Urlaubsdias zu Hause oder ihren Arzt auf."
"Wie kann man nur so egoistisch sein!" jammerte es aus dem kleinen Flur vor der Toilette.
"Je mehr Sie mich jetzt ablenken, desto länger dauert es. Unter Stress kann ich schon mal gar nicht! Da kriege ich immer eine Fäkal-Dysfunktion", log ich und malte mir in Gedanken den von Koliken geplagten und sich krümmenden Tippelmeier aus, was meinen Sieg noch vollkommener machte.

Tippelmeier feuerte eine Kanonade von Schimpfwörtern ab, die der Lokalität durchaus angemessen waren. Das erreichte mich nicht mehr.

Ich war in Gedanken in einer Welt ohne Druck, in einer Welt der grenzenlosen Entspannung. Mein Körper war trotz äußerlicher Ablenkung endlich soweit: Ich konzentrierte mich auf das Wesentliche. Das Ergebnis sollte bei Weitem meine kühnsten Erwartungen übertreffen.

Ich hatte Königin Liselotte bereits bei unserer Ankunft darauf hingewiesen, dass ein 5-Liter Spülkasten eine große Herausforderung an den Magen-Darmtrakt eines Menschen darstelle, der zweimal täglich warm isst. Gleichzeitig sei großes Zielvermögen gefragt. Jeder noch so kleine Zentimeter weg vom Abflussrohr hin zur Keramikperipherie bedeute aufgrund mangelnder Kraft des Spülungsstromes unnötiges, zeitraubendes und teures Nachspülen.

Außerdem sei ein Blattverbrauch von maximal 10 Blättern Klopapier pro Stuhlgang für einen reinlichen Menschen schlichtweg utopisch, auch, wenn es das Hinweisschild über der Rolle so vorschreibe. Es prallte an ihr ab. Sie verspottete mich als Querulant und Verschwender. Und ich sollte Recht behalten. Nur half mir das nicht viel.

Ein reichhaltiges Frühstück mit Rührei und Schinken, ein Grillteller Marke "Alles, was vier Beine hat", ein sechshundert Gramm schweres Rumpsteak mit Pommes und Kräuterbutter und zwei Knoblauchbaguettes des Vortages suchten drängend und geräuschvoll ihren Weg ins Freie. Zielen zwecklos bis unmöglich.

Ich sah mich zu mehreren Zwischenspülungen genötigt und hatte mehr Schweißperlen auf der Stirn als nach meinem Treppensprint.

"Was machen Sie denn da?" raste Tippelmeier vor der Tür.
"Ich weiß ja nicht, was Sie auf einer Toilette machen", antwortete ich, während sich der Wasservorratsbehälter zum finalen Spülvorgang füllte, "aber ich..."
"Ich jedenfalls benutze die Spülung nur einmal. Dreimal! Das ist doch unnormal!" fiel mir Tippelmeier ins Wort.
"Anfänger!"
"Arschloch!"
Er schien zu gehen. Sollte er sich doch ein Plätzchen im Garten suchen! Verlieren tut weh...

Nachdem wieder Ruhe eingekehrt war, brachte ich es zu Ende - zumindest hatte ich es vor. Ich betätigte ein viertes Mal die Spülung und war entsetzt:
Das Becken füllte sich bis zum oberen Rand mit Wasser, die Spülung versiegte langsam, alles schwamm ruhig und friedlich wie auf einem Stillleben eines Sees im ovalen Villeroy&Boch-Teich umher.
Geschockt kniete ich vor der Keramik. Ich malte mir aus, was passieren würde, wenn SIE wieder zurückkam und einen Kontrollgang machen würde. Flucht und Leugnen wären unmöglich. Sicher würden Heinz und der blöde Albert einen DNS-Test machen und mich wenige Minuten später fassen. Ich stellte mir vor, was SIE mit mir machen würde, zur Abschreckung für alle anderen Kloverstopfer der Insel und zu ihrer persönlichen Genugtuung.

Langsam geriet ich in Panik. Ich sah mich schon von Königin Lieselotte zur Strafe an eine lange Leine gelegt. Sie selbst hinten im babyblauen Porno-Granada sitzend, führt sie mich mit einem Schild "Klobeschmutzer" um den Hals über die Insel Gassi und ...

Meine Wahnvorstellungen wurden abrupt durch Simones Stimme unterbrochen.

"Alles ok da drin?"

"Simone, ich schreibe keine Doktorarbeit. Ich balanciere auf keinem Hochseil. Ich gehe einfach nur zur Toilette. Was soll da schon passieren?", log ich.

"Ist ja gut. Tippelmeier qualmt im Garten eine Zigarette nach der anderen und springt nervös von einem Bein auf das andere. Beeil dich!"

Sie hatte es erkannt. Es kam auf jede Sekunde an! Mit Kloverstopfung hatte ich als Profi schon öfter zu tun, nur nicht mit einer sadistischen Ameisenkönigin im Nacken. Ich beschloss, "Plan D" zu verfolgen. D wie Druck.

Ich nahm die Klobürste in beide Hände. Mit ihrer Hilfe sollte der Pfropf aus Klopapier und anderen Dingen mit Gewalt durch das Toilettenrohr gehen, dessen Durchmesser nach fünfzig Jahren als einzige Gästetoilette im Haus durch diverse Ablagerungen auf die Hälfte geschrumpft zu sein schien. Die vermeintliche Heilsbringerin war nach wenigen Sekunden fast bis zur Spitze im trüben Wasser verschwunden und ließ sich kein Hundertstel vor oder zurück bewegen. Aus. Diese hart gesottene Pensionskeramik konnte ich mit purer Gewalt nicht beeindrucken. Der Begriff Urinstein hatte seinen Namen mit Recht verdient.

Es musste physikalisches Fachwissen her: "Plan S" kam nun zum Tragen. S wie Sog.

Nach einer guten Viertelstunde harter Arbeit hatte ich das widerspenstige Ding endlich aus der Schüssel bewegt. Ich weiß seitdem, wofür diese herrlichen Borsten an der Unterseite des Griffes angebracht sind. Sie helfen der Bürste, so lange wie möglich im Rohr zu verbleiben und eine möglichst hohe Energie aufzustauen. Energie, die beim Wiederaustreten im möglichst größten Streuwinkel all das im Raum verteilt, was vormals unter der trüben Wasseroberfläche verborgen war. Gemessen an der Freude, sie endlich herausbekommen zu haben, war der Ärger über das eingesaute Badezimmer nahezu verschwindend. Lächerliche dreißig Minuten und drei Handtücher später blinkte das Bad wieder wie neu und ich konnte mich endlich "Plan S" widmen.

Ich fing an, mit der frisch gereinigten Bürste große, kreisende Bewegungen in der Schüssel zu beschreiben, um damit den geplanten Sog zu erzeugen. Mit beiden Händen und erwartungsvollen, hochkonzentrierten Augen rührte ich in der immer trüber werdenden Suppe. Ich kam mir dabei vor wie Miraculix, der den Zaubertrank für das Dorf gallischer Wilder mixt.

Langsam setzten sich die einzelnen Festbestandteile in Bewegung und schienen in einer Art fäkalem Wettlauf einander überholen zu wollen. Teile trotzten der Beschleunigung und sedimentierten still zu Boden.

"Was ist denn nun?", nörgelte Tippelmeier, der wieder vor der Tür stand.

"Verstopfung", erwiderte ich nüchtern und rührte weiter.

"Wohl Bananen gegessen?" kicherte Tippelmeier.

"Nee, zuviel Papier genommen!"

"Mein Magen wölbt sich wie ein Medizinball. Ich halt´s nicht mehr lange aus!" wimmerte Tippelmeier.

"Mir egal. Hier läuft erst mal nix. Und das in jeder Hinsicht! Da müssen sie jetzt durch!"

Mittlerweile kreisten alle Bestandteile in rasender Geschwindigkeit durch den Mikrokosmos Klo um das schwarze Loch wie die Planeten um die Sonne. Aber: Nichts passierte.

Ich sank nieder und holte tief Luft, während im „Klosmos" die Sterne langsam zum Stillstand kamen.

Supernova!

Vor meinem inneren Auge sah ich die Königin: Sie biegt mit Heinz und dem Granada um die Ecke. Ein riesiger orangefarbener LKW vom Rohrreiniger steht in ihrem Hof. Der Mitarbeiter Rohrreiniger legt ihr still mit einem Kopfschütteln die Hand auf die Schulter. Drinnen hat die Feuerwehr...

"Wirklich alles ok? Selbst für Deine Verhältnisse dauert es etwas lange. Es gibt gleich Mittagessen..."

Simone! Meine Rettung!

"Alles ok! Ich komm gleich! Bringst Du mir bitte mal eine Plastiktüte?" fragte ich bemüht, es so klingen zu lassen, als sei es das Normalste auf der Welt.

"Plastiktüte? Was soll das denn?"

"Frag nicht. Hol eine. Bitte! Die Alte ist gleich wieder da!"

Dies war Bestandteil von "Plan A" – meiner allerletzten Chance. A wie absolut ekelhaft. Da musste ich jetzt durch. Ich hatte diese Methode zwar erwogen, aber wegen des extrem hohen Ekelfaktors auf der Liste der Möglichkeiten ganz nach hinten gestellt. Nun hatte ich keine Wahl mehr.

Es klopfte.

"Deine Tüte. Auch, wenn ich nicht weiß, was du damit vorhast. Dein gestörtes Verhältnis zum Thema Stuhlgang geht hoffentlich nicht so weit, dass Du ihn dir jetzt einpacken willst, oder?" kicherte Simone.

"Perverser!", zischte Tippelmeier, den ich vor der Tür zwischenzeitlich ganz vergessen hatte.

"Quatsch. Gib her!", herrschte ich und fuchtelte durch den Türspalt mit der Hand fordernd in der Luft herum.

"Viel Spaß damit", ulkte Simone, während Tippelmeier "Fäkalterrorist" und "Kloblockierer" vor sich hin zischte.

Darauf konnte und durfte ich jetzt keine Rücksicht mehr nehmen. Es gab nur noch das Klo, die Tüte und mich. Der große Moment war gekommen. Er entschied über Leben oder Martyrium Marke "Liselotte".

Schnell stülpte ich die Plastiktüte über meine rechte Hand und kniete mich vor das Becken, indem noch immer Stoffwechselendprodukte und Klopapierreste ein sanitäres "Perpetuum mobile" bildeten.

Ohne zu zögern schob ich meine Hand durch das kalte Nass ins Abflussrohr. Vorbei an einem weichen Widerstand glitt sie langsam, begleitet von einem leisen Schlürfen und Gluckern, durch das Rohr. Das Plastikteil wurde, wie von mir richtig vermutet, enger und die Ablagerungen härter. Dummerweise hatte ich in meinem Forschereifer nicht bedacht, dass die Tüte irgendwann oben aufhörte.

Als mein rechter Arm bis zur Schulter versenkt war, merkte ich, dass ich am Ziel war. Gleichzeitig realisierte ich ein seltsam nasses Gefühl in der Tüte und am Ärmel meines Poloshirts.

Einzig der Gedanke an Frau Kohlmann, den Rohrreiniger und die Leine halfen mir, die Sache trotz Würgegefühl zu einem guten Ende zu bringen.

Ein leichtes Glucksen nährte meine Hoffnung auf ein baldiges Ende meines Martyriums. Gefolgt von einem verheißungsvollen Schlürfen setzten sich die Sedimente in Bewegung. Ein mächtiges Gurgeln und Saugen machte der Sache in Bruchteilen von Sekunden ein Ende und das Becken war frei. Wie bei der Bordtoilette eines ICE, wo ich regelmäßig Angst habe, mit auf die Schienen gesaugt zu werden, sauste das Essen des Vortages ins Abwassernetz.

Ich hoffte, der Pfropf würde sich auf dem Weg zur Kläranlage auflösen, da ansonsten eine akute Fäkalthrombose auf Klärschlammebene drohte. Zurück blieben ein ungutes Gefühl und die Frage: Wohin mit der Plastiktüte?

4 Lebendig begraben

Nach den aufregenden Ereignissen des Morgens sollte uns ein schöner Strandtag auf andere Gedanken bringen.

"Wollen wir mal was total Abgefahrenes machen?", fragte Simone und zwinkerte mit einem Auge.

Während ich mir in Gedanken breit grinsend die wildesten Dinge ausmalte, die mit "total abgefahren" gemeint sein könnten, deutete Simone mein Schweigen wohl als Zustimmung und rief begeistert: "Ich buddel dich ein!"

Oh toll. Wie abgefahren! Das reißt mich voll mit. Was als nächstes? Wir bauen eine Kleckerburg mit den Füßen? Wir bräunen ohne Sonnencreme? Wir machen Photosynthese ohne Blitz? Wie abgefahren!

Doch sie begann bereits wie eine Wilde im Sand zu graben. Ein Loch, 80 cm breit, fast zwei Meter tief.

Erste Zweifel machten sich bei mir breit und ein leichtes Beklemmungsgefühl.

"Hüpf rein, ich schütte dich zu!" rief sie begeistert und in Rage wie ein tobendes Kind. Ihre Stimme überschlug sich förmlich. Gleichzeitig hatte sie irgendeine Besessenheit in den Augen.

Mittlerweile hatten eine Menge Leute, die am Strand unterwegs waren, halt gemacht und wohnten dem Spektakel interessiert bei. Ich lächelte verlegen und glitt, da ich vor dem anwachsenden und erwartungsvollen Publikum gar nicht mehr anders konnte, in die sandige Grube.

Wie ein professioneller Totengräber hatte sie mich in wenigen Minuten unter der Erde bzw. unter Sand. Nur mein Kopf schaute noch heraus. Verschwitzt, aber zutiefst zufrieden begutachtete Simone ihr Werk.

Gut, dass ich am Morgen den Ballast des Vortages erfolgreich beseitigt hatte - Plastiktüte inklusive, die sich nun im Spülkasten befand.

Applaus brandete auf.

Simone, erfreut über das Gelingen ihres Kunstwerkes, badete in der Menge der Strandgäste, die ihr vergnügt auf die Schulter klopften oder sich mit ihr unterhielten. Ich, das eigentliche Kunstwerk, fand keinerlei Beachtung. Ich kam mir zunehmend einsam vor. Daneben konnte ich mich aufgrund der extremen Verdichtung des Sandes, die Simone hüpfend angelegt hatte, mich nicht einen Millimeter bewegen. Langsam schliefen Arme und Beine ein. Immerhin merkte ich sie noch.

Zu meiner unbequemen und fixierten Lage kam noch das Kratzen der Muscheln, des Sandes und all des anderen Unrates, der 1,80 Meter unter der Strandoberfläche verborgen lag.

"Ich bin Malte", hörte ich hinter mir eine Kinderstimme.

„Sei bitte so nett und komm auf die andere Seite. Ich kann dich so nicht sehen. Ich bin ja kein Chamäleon, das die Augen hinter den Kopf drehen kann", versuchte ich so freundlich wie möglich zu antworten.

Die Antwort kam umgehend.

Malte legte von hinten irgend etwas Hartes auf meinem Kopf ab und verschwand.

Dafür kam Simone wieder.

"Die Krabbe steht dir gut!", grinste sie und ließ sich neben mir in den Sand fallen.

"Danke. War eine super abgefahrene Idee. Aber ich hab noch eine viel Bessere. Lass uns mal `ich grabe dich wieder aus´ spielen. Und bitte schnell, denn es kratzt."

Ich fühlte mich ihr zum ersten Mal völlig ausgeliefert. Auch sie schien es bemerkt zu haben, denn ihr Blick bekam etwas von dem einer Katze, die ihre sadistischen Spielchen mit einem harmlosen Mäuschen treibt.

"Sofort", sagte Simone und zog das "ooooo" bedrohlich in die Länge.

"Erst gibst du mir noch die überfällige Antwort!

Dabei näherte sie sich mit ihrer Nasenspitze bis auf einige Millimeter der meinen. Ich wollte ihr mit dem Kopf ausweichen, merkte aber, dass das mit einem eingegrabenen Hals und einer Krabbe auf dem Kopf schlecht bis gar nicht funktionierte.

"Welche Frage?" spielte ich wie am Vortag den Ahnungslosen.

Sie erhob sich wortlos.

"Ich habe Zeit!"

Sprach es und ging.

Das würde sie nicht tun! Ganz sicher nicht! Das war nur der Versuch eines üblen Scherzes...

"Hallo Onkel!"

Malte, das kleine Krabben verschenkende Phantom, war wieder da. Mir kam ein Plan.

"Hallo Malte. Danke für die schöne Krabbe. Sag mal, gräbst du den Onkel bitte wieder aus?"

Wieder versuchte ich, so lieb wie möglich zu der kleinen Seuche zu sein, aber es half nicht.

Malte war so kommunikativ wie bei unserer ersten Begegnung. Wieder hatte er ein Geschenk für mich. Schweigend legte er mir etwas Glibberiges auf beide Ohren und ging.

Zwar war Malte gegangen, dafür kamen viele andere. Ich glaube, ich war das meist fotografierte Objekt der gesamten Insel in dieser Saison.

Anfänglich machte es noch Spaß, die Leute mit Grimassen und ätzenden Kommentaren zu erschrecken. Nach gut einer Stunde in der prallen Sonne jedoch ebbten auch meine Alleinunterhalterambitionen ab und ich wünschte mir etwas Trinkbares.

Ich hörte ein Scharren hinter mir. Kerkermeister Malte! Endlich! Er würde mir etwas zu Trinken besorgen können.

"Malte!" entfuhr es mir und ich erschreckte mich über meinen eigenen Tonfall.

Stille.

Es scharrte wieder.

Dann schob sich etwas an mein rechtes Ohr. Am Schatten und dem fischigen Mundgeruch konnte ich erkennen, dass es nicht Malte, sondern eine Möwe sein musste.

Während ich noch darüber nachdachte, schrie sie mir ins Ohr. Voller Vorfreude auf die beiden Seesterne, die Malte ihr dort mundgerecht präsentiert hatte.

Mir brach der Schweiß aus. Ich wusste nicht, ob ich Malte verfluchen oder herbeisehnen sollte. Ich wollte mir nach der Show der letzten Stunde nicht auch noch die Blöße geben und wegen einer Möwe in lautes Geschrei verfallen. Und schon gar nicht einen Passanten um Hilfe bitten. Da musste ich jetzt alleine durch.

Der Schrei der hungrigen Möwe hatte Wirkung gezeigt, denn an die zwanzig Artgenossen nahmen neben uns beiden lautstark Platz.

Während ich inständig und beschwörend mit leiser Stimme auf die erste Möwe einredete, den Krebs nicht auf meinem Kopf, sondern in Ruhe am Strand zu knacken, nahte Rettung.

Eine Staubwolke, in der sich nach und nach ein schwarzer Körper, dann strahlend weiße Zähne, eine riesige rote Zunge und Furcht erregendes Gekläff stückweise manifestierten, näherte sich in rasendem Tempo der kreischenden Möwenschar und dem eingegrabenen Kopf darunter.

Im Davonfliegen stritten sich die Möwen noch eilig um den Krebs und die beiden Seesterne und ließen dabei mein Gesicht durch die herabfallenden Weichteile aussehen, als sei es zwei Wochen lang von Würmern befallen worden. Währenddessen leitete der heran eilende Hund seinen Bremsvorgang ein. Dabei schob er eine mächtige Sandlawine mit seinen großen Pfoten vor sich her, die meinen Kopf bis auf Mund und Augen größtenteils mit Sand bedeckte.

Das war zu viel des Guten. Die Luft wurde knapp und sandhaltig. Ich begann wohl, mich aufzugeben. Plötzlich raste mein kurzes, verkorkstes Leben noch einmal in Bruchteilen von Sekunden an mir vorbei: Geboren 1976, 1981 das erste Instrument gelernt, 1983 das zweite, ein kurzes Leben lang als Dirigent und Organist musiziert und als Hobby nebenbei dreizehn Semester Latein und Theologie im Grundstudium absolviert. Getrieben vom Traum, mit Musik mein Geld zu verdienen.

Und das Ende? Ohne ihm auch nur sein Stück näher gekommen zu sein wurde ich nun durch eine Sandlawine eines Vögel jagenden Hundes mit Möwenschleim im Gesicht lebendig begraben. Wenigstens hatte mein Tod etwas Individuelles. Danke, Schicksal!

Aber ich musste noch leben, denn ich hörte Maltes Stimme. "Dahinten, Mama, da ist der sprechende Kopf!" Ich schöpfte Hoffnung.

Meine Wirkung auf Frauen war schon immer umwerfend, aber bei Weitem nicht mit der Wirkung auf Maltes Mutter zu vergleichen. Ich muss während meines Siechtums ein wenig leblos und abwesend ausgesehen haben. Meine verdrehten Augen, die Fischreste im Gesicht und die wilden Tiere um mich herum waren auch nicht unbedingt vorteilhaft und erinnerten an die Neuauflage des Horrorfilmes „Rückkehr der Wasserzombies". Dennoch – der Auftritt war filmreif.

Maltes Mutter kam, schrie und siechte. Malte blieb gelassen, wie auch die Möwen. Der Hund saß neben mir, wie neben einer Trophäe, und wartete wohl darauf, dass er zur Belohnung gestreichelt wurde. Das gestaltete sich im Moment eher schwierig und musste daher warten.

Simone nahm ich nur am Rande war. Sie war kurz zur Strandboutique gelaufen und hatte beim Zurückkommen ein Inferno vorgefunden: Ihr Mann, dem Anschein nach eine eingegrabene Wasserleiche nach Marke Freddy Krüger, eine leblose Frau mit einem verwirrten Kind, das ihr Reste von Meeresfrüchten auf den Kopf legte, eingerahmt in ein Szenario aus Hitchcocks "Vögeln" und dem "Hund von Baskerville", der nicht aufhören wollte, die Wasserleiche im Gesicht zu lecken.

Hatte ich bei Simones Anblick kurzzeitig auf Rettung gehofft, schwand meine Hoffnung rapide. Alles kümmerte sich um Maltes kollabierte Mutter. Alles? Nicht alles. Ausnahme auch hier war der Hund: Mit heißem Atem peitschte er immer und immer wieder, unnachgiebig wie eine rasende Domina, seine Zunge durch mein Gesicht. Anfänglich war das noch lustig, doch je trockener der Hundemund und je sandiger die Reibeisenzunge wurde, desto größer wurde mein Martyrium.

Wie mit Schleifpapier allergröbster Körnung löste der Hund Schicht für Schicht meine mühsam angebratene Urlaubsbräune. Auf dieses Chappi-Peeling hätte ich gerne verzichtet.

Maltes Mutter kam zwischenzeitlich wieder zu sich und fing an, mich für diesen geschmacklosen Scherz auf das Übelste zu beschimpfen. Mich!

Sie musste eine geborene Tippelmeier sein, denn ihr Vokabular entsprach dem des Darm-Cholikerikers vom Morgen.

Ich ließ es wortlos über mich ergehen. Nach all dem, was ich heute durchgemacht hatte, kam es darauf auch nicht mehr an. Der tapfere Hund schien mich ein zweites Mal retten zu wollen und knurrte Maltes Mutter mit tiefer Stimme an. Es zeigte Wirkung und sie uns schnell ihre Rückseite, an der Hand den winkenden Malte.

Gerührt von so viel Pflichtgefühl, beschloss ich, den Hund zu behalten. Er musste herrenlos sein, da sich seit rund einer halben Stunde Strandchaos kein Herrchen weit und breit hatte blicken lassen. Zumindest genügte mir diese Erklärung, um kein schlechtes Gewissen zu bekommen. Simone grub mich schweigend und mit versteinerter Miene aus.

„DAS war abgefahren!", sagte ich mit einem überlegenen Lächeln, das suggerieren sollte, dass ich während der letzten Chaosstunde die Zügel fest im Griff hatte.

Sie schwieg und grub weiter. Der Hund half ihr.

Als meine Arme endlich freigelegt waren, unterbrach ich sie, indem ich ihr die Schaufel aus der Hand nahm.

„Wir müssen reden!", sagte ich ernst.

„Worüber?", löste sie sich aus ihrer Sprachlosigkeit und vermied direkten Blickkontakt.

„Ich habe die Antwort!"

5 Frau Schliemann

Meine Nahtoderfahrung im kalten Sandgrab hatte die Initialzündung gegeben, über mich und mein bisheriges Leben nachzudenken.

Simone hatte es mit ihrer penetranten und direkten Frage zwar auch versucht, jedoch war die heutige Strandgeschichte in Verbindung mit der kleinen Zündkerze auf vier Pfoten letztendlich viel effektiver.

Mir war schlagartig klar, wie ich mein neu gewonnenes Leben verbringen wollte: Mit Simone, meinem neuen behaarten kleinen Freund und mit viel Musik. Da war kein Platz mehr für ein zeitraubendes Hobby wie ein geisteswissenschaftliches Studium, das zudem ab diesem Semester, dem vierzehnten, richtig teuer wurde, da man sich zu saftigen Studiengebühren für Langzeitstudenten entschlossen hatte. Ich! Langzeitstudent! Wie witzig, dabei war ich immer schon nachmittags zu Hause. Außerdem war ich erst im Grundstudium. Langzeit!

„Was ist mit der Antwort?"

Simone blickte ernst.

„Ich finde, du guckst in diesem Urlaub immer so ernst!"

„Antwort, sonst folgt dem ernsten Blick eine ernste Konsequenz!"

„Ok, ich höre auf!"

„Mit dem Rumalbern?"

„Nein, mit dem Studium!"

Ich blickte ins Leere.

Eine Minute verging.

„Was statt dessen?"

Meine Subjekt, Prädikat, Objekt Geschichte wollte ich mir jetzt sparen, da mir das Thema zu sensibel schien, es weiter auf die Belastungsprobe zu stellen. Ich hielt erneute Stille für dramaturgisch sinnvoller.

"Musik", sagte ich in einem coolen und dennoch bestimmenden Tonfall, der selbst Clint Eastwood den Revolver aus der Hand hätte fallen lassen.

Erneut Stille. Diesmal länger. Auch Simone zeigte Pokerface.

Doch sie konnte es nicht länger zurückhalten.

„Warum nicht gleich so!", strahlte sie und fiel mir um den Hals.

„Diese Entscheidung hätte viel früher fallen müssen!"

„Da war ich noch eingegraben!"

„Du weißt, was ich meine. Ich bin froh, dass du dich der Frage endlich gestellt hast!"

Sie streichelte mir über mein verschwitztes Gesicht und entfernte die letzten Schalen und Weichtierteile.

Nach dem ersten Anflug von Begeisterung machte sich jedoch langsam Ernüchterung bei ihr breit.

„Wie willst Du mit Musik Geld verdienen? Ich meine bei uns, in der Eifel, auf dem platten Land?"

Sie schaute besorgt.

„Ich gebe Klavier- und Orgelunterricht, arbeite intensiver als Chorleiter und…"

„Dein Gottvertrauen möchte ich haben!"

Wir schwiegen eine Weile.

„Aber warum nicht. Auf einen Versuch kommt es an!"

„Für unseren Unterhalt und das bißchen Hundefutter wird es wohl reichen!", sinnierte ich und streichelte meinen vierbeinigen Retter.

„Wir haben keinen Hund!"

„Jetzt schon!"

„Spinn bitte nicht. Der gehört bestimmt jemandem!"

„Klar. Uns. Wie sollen wir ihn nennen?"
„Erstens machst du es dir etwas einfach, zweitens ist es eine SIE".
„Ok, wie soll SIE heißen?"
„Wir behalten sie erstmal zur Probe!"
„Wie soll sie heißen?"
Sie grübelte.
„Es muss was sein, was zu ihr passt. Was kann sie denn besonders gut?"
„Im Sand Graben. Wieso?"
Simone überlegte weiter, massierte ihr Kinn, blickte zunächst ernst, dann schlagartig, wohl einer Erleuchtung folgend, freudig strahlend und rief: „Frau Schliemann" Ich schaute, als ob gerade das Licht ausgegangen wäre.
„Wer bitte ist Frau Schliemann?"
„Wobei haben wir sie kennen gelernt? Bei Ausgrabungen im Sand. Nur, dass sie nicht wie der Archäologe Schliemann einen König ausgegraben hat, sondern…"
Wir lachten beide.
Simone zog den Hund und mich zu sich und bekam einen feierlichen, hoch offiziellen Gesichtsausdruck.
„Herzlich willkommen im neuen Rudel, Frau Schliemann!"
Familienzuwachs hatte ich mir eigentlich immer anders vorgestellt, vor allem nicht so behaart und nur mit zwei Beinen. Aber es kommt ja meistens anders, als man denkt.

Einzig das Ergebnis zählte: Ich hatte es geschafft. Ich hatte das belastende Studium vom Hals, einen neuen Hund. Dafür allerdings eine Menge neuer Belastungen, wie sich schon sehr bald zeigen sollte.

6 Thommy`s Instrument

„Ich rufe wegen der Annonce an!"
Bingo! Seit einer Woche waren wir wieder zu Hause. Ich hatte zahlreiche Anzeigen aufgegeben. Nicht kleckern, sondern klotzen, so die Devise. Mein Warten hatte ein Ende und der erste Kunde war an der Strippe!
Ich hatte mich entschlossen, bei der Anzeige auf sämtliche Fissematentchen zu verzichten. Direkt, unmissverständlich, eben professionell sollte sie sein.
Als Vorlage wählte ich die Annonce, mit der „Sanitär-Voss" wöchentlich in der Zeitungsbeilage warb. Voss hatte seit Jahrzehnten ein florierendes Gas-Wasser-Scheiße-Unternehmen. Grund war wohl sein durchschlagendes Werbekonzept, das den Kunden direkt dort abholte, wo er Notdurft hatte.
Unter dem Slogan „Wir stehen darauf, von IHNEN beschissen zu werden" boten sie ihre Sanitärartikel feil. Gleichzeitig wurde ihr Slogan zum geflügelten Wort, das die Halbe Eifel benutzte. Genau so ein Kracher musste mir gelingen!
Lahmes Zeug wie „Hier spielt die Musik" oder „Krampfen sie noch oder klampfen sie schon?" kamen daher selbstredend nicht in Frage, auch wenn sie Simone favorisierte. Es musste nicht gleich so fäkal wie bei Voss, gleichwohl aber verrucht, frivol sein. DAS kam an! Sex sells!

„Wir blasen Ihnen den Marsch!" erschien mir für die erste Anzeige gut geeignet, um die Aufmerksamkeit der biederen Landbevölkerung zu wecken.
Dazu der Satz „Günstig und professionell!". Und meine private Telefonnummer. Soweit die Theorie.

„Hi! Hier ist Meiki!"

„Hi Meiki! Was kann ich für dich tun?"

„Ich bin sooooooooo heiß!"

Mir lief ein Schauer über den Rücken. Er schien ganz schön aufgeregt zu sein. Jetzt nur nichts falsch machen!

„Das ist schön für dich! Aber jetzt mal zur Sache!"

Stundenlang hatte ich auf den ersten Anrufer gewartet und jetzt hatte ich den heißen Meiki am Rohr.

Was soll's, Geld stinkt nicht. Wenn er ein Instrument lernen möchte, sollten seine Hitzewallungen kein Hinderungsgrund sein, so lange er zahlt. Außerdem schien er Ausländer zu sein, da es grammatikalisch nicht ganz richtig war, was er von sich gab. `Mir ist heiß´ musste es schließlich heißen.

„Ich bin split-ter-fa-ser-nackt" hauchte Meiki und klang dabei so, als habe er sich seine Hand im offenen Fenster eingeklemmt und leide dabei Höllenqualen.

„Konsequent Meiki, ist die beste Möglichkeit, wenn einem heiß ist. Jetzt lass uns doch mal zum Geschäftlichen kommen!"

Meiki atmete schwer. Wahrscheinlich Asthmatiker. Vielleicht war es ja auch einfach sauheiß in seiner Wohnung, weil das Heizungsthermostat im Eimer war. Vielleicht rief er aus der Sauna an…

„Jaaaaaa?" keuchte er.

Vielleicht war er mit der anderen Hand an den Saunaofen gekommen oder jemand hatte ihm die andere Hand ebenfalls im Fenster eingequetscht. Jedenfalls schien der Mann ohne Ende zu leiden.

„Deine Hände sind doch ok, oder?", wollte ich mich vergewissern, dass er überhaupt die anatomische Voraussetzung zum Klavierspielen erfüllt. Wenn er sich doch eine Hand eingequetscht hatte, dann…

„Alles bestens! Eine ist am Telefon, die andere gibt mächtig Gas!"

Ob er auf einem Motorrad saß? Der Typ wurde mir zunehmend unheimlicher. Ein Nackter auf einem Motorrad, eine Hand am Ohr, die andere am Gaszug…

„Aber die andere Hand funktioniert richtig?" hakte ich nach.

„Und wie! Jetzt mal zur Sache!"

Der Mann wusste, was wichtig war, sogar unter großen Schmerzen. Donnerwetter!

„Zwanzig Euro die Dreiviertelstunde alleine oder sechzehn Euro in der Gruppe"

Stille am anderen Ende.

„Das ist ein Hammerpreis. Vorausgesetzt, der Service stimmt", keuchte Meiki.

„Ich bin Vollprofi!", gab ich Meiki fast beleidigt Antwort. „In diesen fünfundvierzig Minuten gebe ich alles! Mit Erfolgsgarantie, wenn du schön mitmachst und meine Anweisungen befolgst!"

Es raschelte. Meiki blätterte wohl in seinem Terminkalender.

„Übrigens: Das erste Treffen ist absolut gratis und verpflichtet zu nix. Sollst ja nicht die Katze im Sack kaufen!", lachte ich.

Etwas knallte am anderen Ende zu Boden. Es war wohl der Hörer, der Meiki im Zuge seiner Begeisterung aus der Hand geglitten war.

Soviel Großzügigkeit musste ihn beeindruckt haben.

„Wie wärs morgen um 14.00 Uhr?" kam ich ihm zuvor.

„Jaaa, jaaa, jaaaaaaah" kam Meikis Stimme aus dem Hörer. Seine Stimme überschlug sich förmlich. Mensch Meier! DER konnte sich freuen!

34

Innerlich sah ich mich bestätigt, dass meine Annonce ein Volltreffer war.

Ich teilte Meiki meine Privatadresse in der Hildegard-Knef-Straße mit und sagte ihm, dass er mein erster Kunde im neuen Job sei, was ihn noch mehr zu freuen schien.

Zur Sicherheit vergewisserte ich mich noch einmal.

„Also, kommst Du morgen?"

„Wenn der Service stimmt, gerne auch zweimal!"

Bingo! Ich hatte gleich mit dem ersten Kunden ein großes Los gezogen, denn er konnte sich sogar eine Doppelstunde vorstellen!

Meiki war wohl ein guter Kommunikator, denn einige seiner Freunde riefen während des ersten Tages an. Er hatte ihnen wohl auch erzählt, dass ich ganz neu im Geschäft bin, weil mich ein Teil mit „Jungfrau" ansprach. Gewöhnungsbedürftig, aber traf die Sache ja eigentlich.

Es schien sich herum gesprochen zu haben, dass ich guten Service zu fairen Preisen anbot. Genau SO sollte es sein! Mein Konzept ging auf!

Jedenfalls war der folgende Tag fast komplett ausgebucht. Von 09 Uhr am Morgen bis 17 Uhr am Abend. Wenn das so weiterging, würde ich reich und berühmt…

Dienstagmorgen, 9 Uhr.

Mein erster Schüler. Auch er kam auf Empfehlung von Meiki.

Mein Herz schlug bis zum Hals.

Es war der große Tag.

Der Beginn einer strahlenden Karriere als Klavierlehrer.

Nie wieder Latein, Altgriechisch, nie wieder Religion!

Es lebe Rock´n Roll!

Ich öffnete – und erstarrte.

Ok, das Musik-Geschäft treibt zuweilen skurrile Blüten, aber was da gerade vor unserer Haustür stand, toppte bei weitem die letzte Seite der BILD-Zeitung:

Schwarzes Lederkäppi, Lederweste, Lederhose und mehr Nieten auf seinen Klamotten als Mitarbeiter in jeder deutschen Behörde.

Das latent schwule Aussehen dieses Eifler George-Michael-Doubles wurde verstärkt durch ein lasziv gehauchtes „Hi!", das mir sämtliches Blut in den Adern gefrieren ließ.

„Ich bin Thommy!"

Ich fasste mich langsam. Da musste ich jetzt durch.

Ich hatte das Kloinferno bei Kohlmanns und das Grubenunglück am Strand überlebt, da sollte das Probespiel dieser Zweimeterniete keinen Weltuntergang darstellen.

„Komm rein, wir legen gleich los, schließlich bist du nicht zum Quatschen hier. Das Vorspiel sollte eigentlich schon lange begonnen haben!"

„Immer locker im Schritt" kokettierte die Sado-Maso-Witzfigur mit laszivem Marlene-Dietrich-Blick und folgte mir ins Haus. Eigentlich schwebte er, gehen konnte man es beim besten Willen nicht nennen.

Auf dem Weg zum Allerheiligsten, meinem Musik-Studio, das ich nach und nach für teures Geld zusammengetragen hatte, inklusive kleinem Flügel, passierten wir unseren Flur und Simones Arbeitszimmer.

In jedem Zimmer legte Thommy einige Kleidungsstücke ab, so dass er mittlerweile nur in T-Shirt und Unterhose hinter mir stand.

Achselzuckend nahm ich es zur Kenntnis und vermutete, dass er dasselbe Hitzeproblem wie Meiki haben musste und bei Aufregung stark transpirierte. Mich störte es jedenfalls nicht. Gott sei Dank war Simone nicht da.

Aus einem Augenwinkel sah ich unser schwarzes Monster hektisch in der Küche verschwinden. Frau Schliemann hatte sich Thommys Lederweste geschnappt und teste sie in ihrem Körbchen auf ihre Reißfestigkeit.

„Wir gehen ins Studio, da hab ich gleich alles griffbereit, wenn du auch mal was anderes probieren möchtest", rief ich ihm über die Schulter zu.

„Und das alles zu dem Preis!" nuschelte Thommy, während er ungläubig mit dem Kopf wackelnd hinter mir her schlurfte. Aus der Küche drang das Geräusch von reißendem Leder. Doch Thommy war viel zu aufgeregt um darauf zu achten.

„Französisch mit Aufnahme?" fragte er mich. Irritiert blickte ich ihn an, glaubte aber zu wissen, auf was er hinaus wollte.

„Erstens wollen wir nicht singen, so dass es egal ist, in welcher Sprache wir Musik machen, zweitens macht eine Aufnahme nur dann Sinn, wenn du schon was vorzuweisen hast auf deinem Instrument!" belehrte ich ihn.

Irgendwie schien ein Missverständnis zwischen uns beiden vorzuliegen, da Thommy plötzlich mit seinem „Instrument" vor meiner Nase herumfuchtelte.

„Das sollte doch wohl reichen, oder?"

Ich Idiot! Schlagartig lichtete sich der Schleier, warum sich Thommy auszog und sich nur seltsame Männer fürs Vorspiel angemeldet hatten. Mir wurde in Sekunden klar, was Meikis undeutlicher Ausspruch mit Vaseline bedeutete, hinter dem ich „Violine" vermutet hatte. Ich Idiot! So hatte ich mir das nicht vorgestellt: Ein Nackter in meinem Musikzimmer, in der Küche ein Hund, der die Lederweste des Schnäppchenjägers in schwarzes Fensterleder zerlegte und…

Dingdong.

… und meine Frau Simone, die vom Einkaufen zurückkam. Das Fiasko war komplett!

Ein spitzer Schrei kostete mich fast das Trommelfell und Thommy seine Konzentration.

Wie ein Tornado wirbelte Simone durch mein Musikzimmer und bewarf Thommy, der mittlerweile hinter dem Flügel Schutz gefunden hatte, mit saftigen Kraftausdrücken und mich mit sämtlichen Noten, die ihr in die Finger gerieten.

„Schwein!"

„Simone! Bitte! Es ist alles anders, als es aussieht!"

Während ich es sagte, fiel mir auf, wie überflüssig dieser Hinweis war, da das Bild, das sich bot, eindeutiger nicht hätte sein können.

„Das Studium hinschmeißen, um einen privaten Swingerclub zu eröffnen! Bah! Aber nicht mit mir! Und dann auch noch mit so einer billigen Scorpions-Kopie!"

„Swingerclub? Es gibt noch mehr Leute hier?"

Thommy schob seinen Kopf neugierig, aber weiterhin mit der nötigen Vorsicht hinter dem Flügel hervor.

„Pack deinen Scheiß und raus hier!" brüllte sie Thommy an, der ängstlich wieder hinter dem Flügel verschwand.

„Gott sei Dank. Ich dachte schon, du hättest mich gemeint" sagte ich und legte zur Bestärkung meine Hand unschuldig blickend auf meine Brust.

„Was nicht ist, kann ja noch kommen. Erst mal erklärst du mir den ganzen Mist hier!"

Sie warf Thommy den Wäscheberg vor die Füße, den sie beim Hereinkommen aufgelesen hatte.

„Das ist alles eine dumme Verkettung von unglücklichen Ereignissen" versuchte ich ihr und zugleich Thommy zu erklären – möglicherweise auch mir selbst, da ich aufgrund meiner naiven Dusseligkeit diese unwirkliche Szene erst möglich gemacht hatte.

Ich erzählte ihnen von der reißerisch-frivolen Anzeige Marke Sanitär-Voss, von den Anrufen und dem Mißverständnis, das sich zwischen Thommy und mir durch ihr Erscheinen Gott sei Dank so lautstark geklärt hatte.

Mit jedem Satz mehr verschwand eine Falte von ihrem Gesicht und auch der eingeschüchterte Thommy traute sich hinter dem Flügel hervor und begann, sich anzuziehen.

„Das glaubt dir keiner, der dich nicht kennt!" lächelte Simone. Sie legte behutsam ihre Hand auf meine Schulter und rief zu Thommy:

„Tut mir leid, aber das muss man erst mal wegstecken!"

Thommy hatte ihren Ausspruch wohl eher als Kompliment für sein Instrument verstanden und nickte stolz. Gleichzeitig war auch er froh, dass sich die peinlich-brenzlige Situation so schnell in Wohlgefallen aufgelöst hatte – wenngleich seine musikalischen Erfahrungen sich um die unvollendete Sinfonie erweitert hatten. Sicherlich würde er in einem Instrumentalensemble mit Gleichgesinnten mehr Freude haben.

Thommy versprach, seinen Freunden, die auf der restlichen Probestundenliste standen, umgehend von unserem Kommunikationsproblem zu berichten, um beiden Seiten weitere peinliche Erfahrungen zu ersparen.

Auch Frau Schliemann hatte in der Küche eine Reihe neuer Erfahrungen gesammelt – mit Thommys Lederweste, die sie ausgiebig auf Reiß- und Saugfähigkeit testete. Aus der edlen Nietenweste Marke „George Michael" war eine Cowboyweste Marke „Minenexplosion in Santa Fe" geworden.

Fransen an den Nähten, und Glanzoptik-Imprägnierung dank Hundesabber gaben Thommys Weste eine völlig neue Note. Er störte sich gar nicht weiter daran, da er nur noch zügig raus wollte.

Simone und ich schauten ihm eine Weile nach.

„Wie lange läuft deine Superanzeige eigentlich noch?"

Die Anzeige! Aus Kostengründen hatte ich das „Viermal erscheinen, dreimal bezahlen"- Paket gewählt. Oh Gott!

Ich konnte ihr jedoch nicht antworten, weil das Telefon schon wieder klingelte und ein gewisser Heinzi, ein Freund von Meiki, meine Dienste buchen wollte.

Ich würde gleich heute Nachmittag, nachdem ich im T-Punkt eine neue Telefonnummer beantragt hatte, mein Anzeigenabo umformulieren. Natürlich mit Simones Hilfe, damit diesmal auch wirklich nichts schief ging.

In den nächsten Wochen patrouillierte die Polizei regelmäßig an unserem Haus vorbei. Angeblich hatte sich die Eifler Szene einen neuen Treffpunkt gesucht: Die Hildegard-Knef-Straße in einer kleinen deutschen Kreisstadt.

7 Arschgeige

„Das war eine tolle Idee, unsere private Telefonnummer für die Annonce zu nehmen!" ätzte Simone.

„Wir haben einen Telefonanschluss, können aber nicht mehr drangehen, weil nur Perverse oder Bekloppte dran sind!"

Unsere Telefonnummer war zwischenzeitlich zum Geheimtipp der Szene avanciert. Thommy enttäuschte mich. Wahrscheinlich hatte er als kleine Revanche für seine Cowboy-Weste seinen Kumpels doch nichts erzählt.

„Aber wir haben doch ab morgen die neue Nummer!" schmatzte ich zufrieden und verschlang Simones Abendessen.

„Wir müssen sie allen Verwandten und Freunden mühsam weitergeben!" nörgelte Simone.

„Ich hab doch immer gesagt, dass unser Freundeskreis zu groß ist. Gute Gelegenheit, das zu korrigieren, oder? So bietet sich neben allem Negativen auch eine positive Chance in dieser Situation!"

„Quatsch mit Soße!" zischte Simone und verdrückte aus Frust ihr Mettbrötchen in wenigen Bissen.

Simone sagte immer Quatsch mit Soße, wenn ich eigentlich Recht hatte und sie es auch wusste, aber längere Diskussionen vermeiden wollte.

Sie schluckte die letzten Mettreste runter.

„Und was sollen wir ihnen sagen, warum wir eine neue Nummer haben?"

Ich überlegte kurz, schaute sie einen Moment an.

„Stalker!"

„Stalker! Wir! Wer kennt uns denn schon?" fragte Simone verständnislos und schmierte sich vor Aufregung noch ein Leberwurstbrot.

„Der Stalker!", antwortete ich trocken.

Sie legte eine taktische Pause ein, die sie wohl nutzte, um nachzudenken. Oder um sich nicht zu vergessen. Oder beides. Außerdem wäre reden eh nicht ratsam gewesen, weil sie sonst am Leberwurstbrot erstickt wäre, das sie gierig in sich hineinstopfte.

„Den Stalker lasse ich ja vielleicht noch gelten. Aber wie um alles in der Welt sollen wir meiner 80-jährigen Tante Maria vermitteln, was ein Stalker ist?"

„Perverser mit Verfolgungswahn wird selbst Tante Maria was sagen!" Ich nickte zur Verstärkung mehrfach und sah sie dabei mit einem leichten Dackelblick von unten an.

„Klar, sie kennt dich ja schon länger!" entgegnete Simone und lachte sich über ihren eigenen Witz schlapp.

Aha, die Motzphase schien überwunden zu sein.

Sie kriegte sich wegen ihres Mörderbrüllers gar nicht mehr ein.

„Schenkelklopfer!" rief sie immer wieder unter Tränen und steigerte sich regelrecht in eine Hysterie und hustete dabei kleine Leberwurstkügelchen über den Tisch.

Mir war gar nicht klar, wo der Witz war. Daher schaute ich ernst und verständnislos mit meinem „mach doch bitte mal den Kindergarten zu" - Blick, was sie nur noch mehr anzustacheln schien.

Ihre Witze bewegten sich bestenfalls auf RTL2-Niveau. Ich wechselte besser das Thema. Keine Ahnung, wo das sonst enden würde.

„Qualifizierter Instrumentalunterricht für Jung und Alt. Flexibel, günstig, transparent. Da sollte keiner was missverstehen, oder?"

Simone guckte wie eine Legehenne, der man ein Ei zurück in den Körper gedrückt hatte.

„Die Anzeige?" Ich wollte ihrem mit Komik-Durchfall blockierten Gehirn nicht zuviel zumuten und gab ihr nur die nötigsten Informationen, um auf die Sprünge zu kommen.

„Sag doch, dass du die Anzeige meinst. Du machst Sprünge, da muss man erst mal mitkommen!" Sie schüttelte den Kopf.

„Kannste so lassen. Jetzt sollte auch der Letzte verstehen, dass bei dir nur auf der Klaviatur georgelt wird. Und wenn es einer trotzdem missversteht, bläst du die Probestunde halt kurzfristig ab!"

Sie hatte wieder Tränen in den Augen und schlug, wohl um sich selbst für diesen Gag Applaus zu spenden, mit der flachen Hand zehn bis zwanzigmal auf den Tisch.

Ich machte mir Sorgen um den Küchentisch und ihren Gesundheitszustand.

„Warst du im Witzeseminar oder was?"

„Brauch ich kein Seminar für! Das Leben mir dir ist die beste Schule!"

Wieder stand das Niveau unserer Unterhaltung auf der Kippe und damit ein Themenwechsel an.

„Also bleiben wir jetzt bei der Stalker-Variante, oder was?" fragte ich.

Diesmal war sie auf den Themenwechsel gewappnet. Sie schien meine Taktik durchschaut zu haben und war nicht willens, ihren Witzlauf durch mich unterbrechen zu lassen.

„Klar. Stalker – Texas Ranger!"
Sie fand ihren neusten Gag wohl umwerfend, denn sie fiel vom Stuhl und wälzte sich gackern wie ein Huhn auf der Erde herum.

Toll. Die Invasion der Perversen schien gestoppt, die Werbeanzeige war umformuliert, eine Erklärung für den plötzlichen Telefonnummernwechsel war gefunden. Alles war im Lot – bis auf meine Frau, die mich immer mehr an eine Möchtegern-Kabarettistin aus dem Privatfernsehen erinnerte. An eine kölsche Schrei-Tratsche, die brüllend wie eine Schwerhörige mit weit aufgerissenen Augen und Nasenlöchern, in die locker Tischtennisbälle passten, Uraltgags herausbrüllte, während sie dabei mit ihren Armen ruderte und dem Gesäß wackelte, als sei ihre Unterhose unglücklich verrutscht.

Bereits das Original im Fernsehen nervte mich kolossal, aber Simones Billig-Abklatsch machte mich fertig.

Man kann halt nicht alles haben, dachte ich und ging in mein Musikzimmer, um das Fax mit der Anzeigenänderung vorzubereiten. Dennoch wollte ich ihr noch zeigen, wie man einen Witz stilvoll vorbereitet. Es musste ein für alle mal klar sein, wer der Meister des niveauvollen Witzes im Hause Schütz war und blieb.

Scheinbar beiläufig sagte ich ihr im Weggehen:
„Wenn es gut läuft, kannst Du mir ja vielleicht mit dem Unterrichten helfen!"
„Meinste echt?"
Endlich schien sie wieder ernst zu werden, denn langsam schwand das verklärte Lächeln zugunsten eines normalen Gesichtsausdruckes.
„Ich spiele doch gar kein Instrument!"
„Na klar spielst du eins, sogar meisterhaft!"

„Willst wohl auch mal nen Gag machen, was? Aber mit der `Erste-Geige-Nummer´ kannst du keinen Blumentopf gewinnen!" Sie lächelte siegessicher. Sollte sie doch...

„Will ich auch gar nicht. Ich meine ein anderes Instrument. Überleg doch mal!"

Ich ließ sie stehen.

Wie sie das hasste!

Diesmal lachte ich überlegen. Ok, eher so wie der Gangster, der in der billigen Privatfernsehproduktion seinem Opfer, das hilflos an der Wand einer 300-Meter-Schlucht hängt, Fingerchen für Fingerchen...

„Es hat doch nicht wieder was mit Blasinstrumenten zu tun?" rief sie mir unsicher nach.

Ich drehte mich um und schüttelte langsam und überlegen meinen Kopf mit teils verständnisvollem teils mitleidgetränktem `Du-Dummerchenblick´, der sie zur Weißglut bringen würde.

„Saiteninstrument!" sagte ich trocken und wandte mich ab. „Das muss jetzt aber reichen! Sonst ist es zu einfach!"

Gut fünfundzwanzig Minuten grübelte sie, was der Hintergrund meines Gags sein konnte oder ob ich es wirklich ernst meinte.

DAS machte einen guten Witz aus!

„Ok, du hast gewonnen! Was könnte ich unterrichten?"

Ich blieb standhaft und widmete mich still und hochkonzentriert meinen anderen Arbeiten und würdigte sie keines Blickes.

Beleidigt verließ sie das Zimmer und flüsterte „Arschgeige!"

Wie süß! Sie hatte es erraten, merkte es aber nicht!

DAS war die Königsklasse. Erste Bundesliga.

Ich würde es ihr später erklären. Vielleicht...

8 Klassiker

Die geänderten Zeitungsannoncen waren gelaufen. Nun brachen neue Zeiten an. Ich hatte den virtuellen Schnäppchen-Straßenstrich hinter mir gelassen und begann nun mit einer sauberen Nummer einen zweiten, seriösen Start.
Ich saß gespannt vor dem Telefon, das mit der neuen Rufnummer ausgestattet war und wartete geduldig auf Kundschaft.
Es klingelte.
Endlich!
Adrenalin machte sich im ganzen Körper breit, wenngleich noch ein wenig von der Angst spürbar war, Meikis gehauchtes „Hi" vom anderen Ende zu hören.
Hier saß ich nun. Der musikalische Großwildjäger, am anderen Ende die Beute fest im Visier. Zugriff!
„Hallo?"
Toll! Ich ärgerte mich über mich selbst über diese kreative Ansprache. Tagelang hatte ich mir Gedanken gemacht, wie ich meine Kunden begrüße und nun reichte es nur für ein simples `Hallo´.
„Ich rufe wegen Ihrer Anzeige an!"
„Sie kommen nicht auf Meikis Empfehlung?" versicherte ich mich ängstlich.
„Welcher Meiki? Neee! Ich möchte Musikunterricht!"
Ich atmete auf. Es war zu schön, um wahr zu sein. Ein real existierender Musikschüler! Es war eine sehr angenehme Frauenstimme am anderen Ende.
„Haben Sie schon mal Klavier gespielt oder sind Sie absoluter Neuanfänger?"

Die Frage kam mir ein wenig steif vor, aber ich hatte noch nie ein Kundengespräch geführt und wollte Missverständnisse vermeiden. Abgesehen davon war das um einiges besser als meine anfängliches `Hallo´.

„Wieso Klavier? Ich will Gitarre lernen!"

Totenstille. Ich wagte nicht zu atmen. Hätte auch nicht geklappt, da sämtliche Spucke von einer Sekunde auf die andere verdunstet und die Zunge um ein Vielfaches angeschwollen zu sein schien. Abgesehen davon schnürte sich der Hals zu, so dass die Spucke ohnehin nicht hätte entweichen können.

„Sieeeecher, sieeeeecher!" versicherte ich schnell, um Zeit zu gewinnen und kam mir selbst vor wie eine billige Hausmeister-Krause-Kopie.

Gitarre! War die bescheuert? Wie sollte ich Gitarre unterrichten! Jetzt hatte man mal einen normalen Kunden...

Egal. Da musste ich jetzt durch.

Es gab zwei Möglichkeiten: Ich musste parallel zu den Unterrichtsstunden, die sie bei mir haben würde, selbst Gitarre lernen und ihr somit immer eine Stunde voraus sein. Doch das schied aus, weil sich unter dem Strich kein Gewinn realisieren ließe, da ich selbst ja auch für meinen Unterricht zahlen müsste. Außerdem bestünde die Gefahr, dass mein Gegenüber schneller lernt als ich.

Die andere Möglichkeit: Jemanden finden, der Gitarre unterrichtet, was sicherlich einfacher war.

So oder so musste ich Zeit gewinnen, denn beides bedeutete ein gewisses Maß an Vorbereitung.

Wenn man mit der ganzen Lügerei erstmal angefangen hatte, war der Rest nur noch ein Klacks.

„Sind sie noch da?" kreischte die Stimme aus dem Hörer. Hoffentlich beschränkte sie sich auf das Gitarrespielen und hegte nicht noch den Gedanken, dazu zu singen.

„Sicher bin ich noch da!" rief ich und wünschte mir gleichzeitig ein Funkloch herbei, um in der verbindungslosen Zeit meine Gedanken und mein Lügengebäude ein wenig zu strukturieren, doch es blieb aus.

„Hören Sie, wir bauen grade um", log ich. „Ich denke, in drei bis vier Wochen geht der Unterrichtsbetrieb wieder störungsfrei weiter. Wir sollten unsere Probestunde auf diesen Zeitraum verschieben."

„Kein Problem!" Die Kundin war glücklich. Noch…

Ich notierte mir den Namen und führte noch eine Weile belanglosen Small-Talk. Parallel dachte ich panisch darüber nach, was wohl sein würde, wenn die drei Wochen verstrichen waren und ich weder Gitarre spielen noch einen Lehrer vorweisen konnte.

Meine anfängliche Freude wandte sich in dunkelste Melancholie. Ich hatte einen Schüler – aber keinen Lehrer.

Eigentlich hatte ich mir vorgestellt, alleine zu unterrichten. Aber der Gedanke, andere Musiker mit ins Boot zu nehmen, war gar nicht so schlecht. Allerdings musste die Qualität stimmen.

Es gab in der Eifel eine Reihe von Musiklehrern, die selbst nur zwei oder drei Stunden weiter waren als ihre Schüler. So sollte es nicht sein. Damit verabschiedete ich mich gleichzeitig von Möglichkeit eins und beschloss, einen Profi zu suchen, der eine Menge kann, aber wenig kostet.

Dabei gab es nur drei Möglichkeiten: Ostblockmusiker, Musikstudenten oder Hartz-Vier-Diplom-Musiker.

Um Konflikte mit meinen Schülern zu vermeiden, entschied ich mich für die Variante „Musikstudent".

Die mir bekannten Musiker aus dem Osten waren zwar perfekte Instrumentalisten, aber häufig Verfechter der Haudruffnikoff-Pädagogik – zweifelsohne effektiv, aber nicht immer gemäß der Genfer Konvention. Das Vorgehen, Schüler zunächst völlig zu zerstören, um sie dann systematisch wieder zu Musikmaschinen aufzubauen, war sicherlich erprobt, kam aber zunächst nicht in Frage.

Die mir bekannten Hartz-Vier-Diplomanden waren musikalisch ebenfalls einwandfrei, aber in Hinblick auf ihr gestörtes Verhältnis zum Finanzamt und in Kenntnis ihrer Leberwerte ebenfalls nicht die erste Wahl. Außerdem ließ allein die Nähe zur Musikhochschule Köln diese Variante als die Beste erscheinen.

Während der nächsten Tage kam ich auf eine stattliche Zahl von neuen Schülern: Viermal Gitarre, dreimal Geige, einmal Cello, zweimal E-Bass, fünfmal Schlagzeug, zweimal Querflöte und einmal (!) Klavier.

Das war die Woche der schlaflosen Nächte. Ich brauchte sechs Lehrer und hatte dagegen selbst nur einen potentiellen Schüler.

Welcher Idiot würde für einen oder zwei Schüler aus Köln kommen? Die Reisekosten würden das Entgelt um ein Weites übertreffen.

Abgesehen davon: WO sollten sie unterrichten?

Ich war auf dem besten Weg zu einer Musikschule – in meinem Arbeitszimmer. Utopisch. Aber nachdem ich mich schon einmal zum Horst gemacht hatte, war es mir eine moralische Verpflichtung, die Utopie Realität werden zu lassen.

Über alte Kontakte zur Kölner Uni war ich an die Adresse von Andrew gekommen. Er hatte in Sydney sein Gitarren- und Lautendiplom mit Auszeichnung bestanden und zahlreiche CD-Produktionen gemacht. Er war der Liebe wegen nach Deutschland gekommen und musste nun feststellen, dass das mit der Liebe so eine Sache ist. Denn wenn es stimmt, was man sagt, nämlich dass Liebe durch den Magen geht, bedeutet das gleichzeitig, dass die Liebe, wenn sie den Magen verlassen hat, zu einem Stoffwechselendprodukt wird.

So bei Andrew geschehen.

Die Liebe hatte den Magen passiert und Andrew saß nun alleine da. Ohne Liebe. Aber mit seiner Laute und einer Menge Fixkosten.

Die Tatsache, als diplomierter Musiker im harten Musikgeschäft über Wasser zu bleiben, fällt schon vielen Muttersprachlern schwer.

Andrew, der nur ein paar Fetzen Deutsch sprach, fiel dies umso schwerer.

Da er kaum Kontakt zu real existierenden Mitbürgern hatte, entwickelten sich seine Deutschkenntnisse im Laufe des vergangenen Jahres parallel zur Zahl seiner Engagements: Eher rückläufig…

Theoretisch beste Voraussetzungen für mich, einen dankbaren und motivierten Mitarbeiter zu finden, der gute Arbeit für wenig Geld leistet. Abgesehen davon dürfte mangels Artikulationsfähigkeit jegliches Gequassel über Gewerkschaften, Lohnerhöhung und Arbeitssicherheit bei ihm keine Rolle spielen.

Ich rief ihn an. Es tutete etwa zehnmal. Dann endlich war ein gelassenes „Hello?" zu hören.

Hello! Sind wir in Australien oder was? Das musste sich in Zukunft ändern. Wenn in ihn als Lehrer meiner Schule ein altes Öhmchen aus der Eifel anruft und „Hello" hört, legt sie doch direkt wieder auf.

„Hello again!" Diesmal klang es was motivierter.

Frohnatur, was? War wohl auch in Simones Witzeseminar. Aber das konnte ich auch.

Ich holte tief Luft und trällerte mit englischem Akzent:
„Ich sag einfach, hello again"

Howie Carpendale wäre stolz auf mich gewesen.

„Sind sie doof?" schallte es mir verständnislos entgegen.

Geht doch! Deutsch! Grammatikalisch perfekt, vom Stil
verbesserungswürdig, aber leider keinerlei Manieren.
Aber immerhin Deutsch!

Ich räusperte mich und versuchte, möglichst seriös zu
klingen. Ganz so, als würde ich mehrmals täglich irgendwelchen musikalischen Jungtalenten die Chance
ihres Lebens offerieren.

„Mein Name ist Olli Schütz und ich suche einen Gitarrenlehrer!"

„Eine Gesangs-Coach wäre auk nikt schlekt", erwiderte
Andrew und grunzte vor Freude über diesen Scherz wie
ein australisches Wombat.

„Eine Sprak-Course auk nikt", konterte ich. Dabei versuchte ich, seine Grunzgeräusche zu imitieren.

„Stimmt, du hast eine seltsame dialect. Siegersländer?"

Na, das konnte ja was werden. Ein Australier, der selbst
gebrochen Deutsch spricht und sich über meinen Dialekt
amüsiert, hatte mir gerade noch gefehlt. Aber ich hatte ja
keine Wahl.

„Das heißt Siegerländer! Aber wollen wir einen Sprach-
kurs per Telefon abhalten oder uns über den Musikunterricht unterhalten?"

„Du hast angefangen mit die Sprak-Course". Er grunzte
wieder.

Es war wohl besser, dieses kleine Intermezzo schnell zu vergessen und nach vorne zu schauen. Darum bemühte ich mich, den seriösen Geschäftston wieder zu finden.

Ich erklärte ihm, worum es ging. Komischerweise konnte man sich schlagartig mit ihm jenseits von Kalauern und Comedy unterhalten. Er hatte angebissen.

Er bekundete nicht nur Interesse, sondern sagte mir gleich am Telefon zu.

Sehr gut. Eine Sorge von fünf weniger.

„Ach, eins hab ich vergessen, sollte aber selbstverständlich sein: Schwarz geht nicht. Das ist kein Problem, oder?"

Stille am anderen Ende.

„Andrew?"

Hatte ich es mir doch gedacht. Diese Musiker waren alle gleich, wenn es darum ging, lästige Steuerabgaben zu sparen.

„Racist!"

Andrew war völlig außer sich und gab diverse Worte von sich, die ich nicht verstand. Was ich verstand, war, dass er sehr aufgebracht war, was ich wiederum nicht verstand.

„Ich hatte nicht deine Hautfarbe gemeint", versuchte ich eine Deeskalation der Lage.

„Ich wollte damit sagen, dass du die Kohle versteuern musst!"

„Steuern?"

Oh Gott, das würde länger dauern. Es war sicher sinnvoll, Andrew die deutsche Bürokratie, in der er langsam Fuß fassen musste, nicht am Telefon, sondern in einem persönlichen Gespräch zu erklären.

Wir verabredeten uns für den folgenden Tag bei uns zu Hause in der Hildegard-Knef-Straße.

Einerseits glücklich, dass das Thema Gitarre (zumindest vorläufig) abgehakt war, andererseits grübelnd unter dem Zwang, weitere Lehrer finden zu müssen, merkte ich nicht, dass es geläutet hatte. Erst energisches Klopfen gegen unsere Haustür riss mich aus meinen Überlegungen.

Meine erste Schülerin! Die hatte ich vor lauter Downunder völlig vergessen.

Wir hatten uns bereits telefonisch relativ ausführlich unterhalten und ich kannte ihre Lebensgeschichte in- und auswendig, ohne sie auch nur einmal gesehen zu haben. Und wenn das Gerücht stimmte, dass gewisse Lebenserfahrungen prägende Auswirkungen auf Gestik, Mimik und Habitus eines Menschen haben, dann stand auf der anderen Seite Quasimodos Schwester, die eine Menge mitgemacht haben musste.

Sie war einundvierzig, ledig, lebte bei ihrer Mutter, ebenfalls ledig, die ihre Tochter wohl durch Zellteilung erschaffen oder im Laboratorium zusammengeschraubt hatte.

Sie besaß eine Stimme, die das Blut zum Gefrieren und jegliches Glas zum Zerspringen bringen konnte.

Nachdem es das Schicksal nicht sehr gut mit ihr gemeint und ihr eine Menge Eigenschaften zugeschaufelt hatte, die sie nicht unbedingt zur gefeierten Partyqueen machten, war auch der Name durchaus passend: PRZKOW! Vielleicht war sie doch einem russischen Geheimlabor entsprungen…

Als sie sich das erste Mal am Telefon gemeldet hatte, führte dies zu einem lustigen Gespräch:

„Przkow!"

„Gesundheit!"

„Nein, hier Przkow!"

„Nochmal Gesundheit. Nehmen Sie sich Zeit! Jetzt nießen Sie mal in Ruhe zu Ende, und dann nochmals mit Subjekt, Prädi.."

„Mensch Meier, hier Przkow!" schrie sie fast psychopathisch ins andere Ende der Leitung. Manche Menschen waren einfach nicht ausgeglichen.

„Gesundheit Frau Meier, was kann ich denn für Sie tun?"

„Pr-z-kow!Pr-z-kow!"

„Nochmal richtig durchräuspern Frau Meier, dann sollte es klappen."

Ich staunte über meine Engelsgeduld. Sie schien sie nicht zu haben.

„Ja, bin ich denn bescheuert, oder was?"

Mit dieser Frage wollen wir uns später beschäftigen. Nun jedenfalls stand sie vor meiner Haustür.

Ich hatte mir vorher ausgemalt, wie sie wohl aussah. Wünschenswert wäre blond, groß und gepflegt gewesen. Aber da ich kein Modelcasting durchführte, war es eigentlich egal, wie sie aussah.

Durch das Milchglas der Eingangstür schimmerte es pink. Girlie-Look. Naja, wer es tragen kann, dachte ich noch und öffnete motiviert die Tür. SIE konnte es definitiv nicht tragen. Gleiches galt für ihren dichten Damenbart.

Wie versteinert stand ich vor ihr. Fassungslos. Das starre Entsetzen ins schweißnasse Gesicht geschrieben. Sie sagte kein Wort, sondern lächelte breit von einem Ohr zum anderen.

Dies war eine beträchtliche Entfernung. Fest wie zwei Schraubzwingen waren die Kiefer aufeinander gepresst, wobei der Unterkiefer leicht vorstand. Er bildete quasi die Bühne für ein langes, schwarzes Haar, das aus ihrem Kinn wucherte und so noch viel besser zur Geltung kam. Zusammen mit ihrer Leibesfülle von an die einhundertvierzig Kilo wirkte ihr wohl freundlich gemeintes Zähnefletschen noch bedrohlicher. Dazu kam ein stechender Blick, oder besser gesagt das Höllenfeuer, das durch das unkontrolliert wachsende Gestrüpp ihrer neandertalesk vorgewölbten Augenbrauen nach draußen flammte.

Ich überlegte, wo ich diese Physiognomie das letzte Mal gesehen hatte und war mir schnell einig, dass es im römisch-germanischen Museum in der Abteilung „Homo sapiens" war.

Frau Schliemann, wenige Sekunden zuvor freudestrahlend und mit dem Schwanz wedelnd zur Haustür gespurtet, standen ihre Haare wie elektrisiert in alle Himmelsrichtungen ab. Ihre Augen traten aus dem Kopf wie die eines Hamsters, den man zu stark in der Hand quetscht oder der Verstopfungsprobleme hat.

„Schööööönes Tier!" Ihre Hände schossen auf Frau Schliemann zu und wollten sie streicheln.

Der Hund hatte wohl kapiert, wer gemeint war und jagte wie ein Blitz unter die Eckbank, die sie bis zum Abend nicht mehr verlassen sollte. Lediglich das Klappern ihrer Zähne und aufgeregtes Hecheln ließen an diesem Tag erahnen, dass wir einen Hund hatten.

Diese Stimme, wie tief aus der Gruft, riss auch mich aus meiner Erstarrung.

„Ich heiße Olli" warf ich ihr zusammen mit meiner Hand in einem Anfall von Professionalität sowie gespielter Gelassenheit entgegen.

Hatte sie bis zu diesem Zeitpunkt in der einen Hand ihre Handtasche, die wegen ihrer Zierlichkeit wohl lediglich

Platz für einige Briefmarken geboten hätte, aber gleichzeitig den Koloss noch furchterregender aussehen ließ, warf sie sie nun in einem Anfall von Entzücken einfach in die Ecke und griff mit beiden Tatzen meine Hand.

Patsch.

Stille.

Ihr Lächeln verschwand.

Sie musterte meine Hand. Eine Minute verging. Schweigen. Ich hörte nur ihr Schniefen und meinen Herzschlag, der irgendwo bei dreihundert liegen musste. Mein Schädel pochte, als wollten die Adern in meinen Schläfen in zwei verschiedene Richtungen auseinander reißen.

Ein Feuchtbiotop breitete sich langsam über meinen Rücken aus, zumindest dort, wo keine Haare zu Berge standen. Mein Nacken sah sicher wie eine Stachelbeere aus – ebenso wie ihre Nasenspitze.

Mit ihrer AOK-Hornbrille Marke „Erich-Honecker 1972" scannte sie im Abstand von 2 Millimetern jeden Winkel meiner Hand, zeitweise begleitet von leichtem Kopfschütteln und leisem Grunzen.

Ich kam mir vor wie Hänsel, den die Hexe nochmal kurz auf Schadstellen überprüft, bevor sie ihn portioniert und im Schnellkochtopf energieschonend gart.

Gott sei Dank schien keine Sonne, weil sie mich sicher sonst allein mit ihren Brillengläsern hätte grillen können.

Raketenartig schoss ihr Kopf nach oben. Ich hörte auf zu atmen und auch mein Herzschlag stoppte. Zumindest dachte ich es.

Ihre Stachelbeernase war einen Zentimeter vor der meinen.

„Schöööööne Hände"

Gerne hätte ich die Grusel-DVD abgestellt, aber es war real. Genauso gerne wäre ich unter der Eckbank verschwunden, aber da saß die bibbernde Frau Schliemann. Toller Wachhund!

„Gehen wir rein?"

Ich fühlte mich bei ihr an eine Frauenfigur von Hans-Werner Olm erinnert. Nur war dieses Exemplar noch ein wenig gröber, hatte die eisige Aura von Chucky der Mörderpuppe und den Dreitagebart von Clint Eastwood. Ganz zu schweigen von der abgedrehten „Durch-Mark-und-Bein-Pumuckl-Stimme" mit ihrer wirren Klaus-Kinski-Mimik, die mich permanent in Angst versetzte, einen Hörsturz zu erleiden und arbeitsunfähig zu sein.

Eine Hand hatte sie, seit sie das Haus betreten hatte, hinter dem Rücken. Vielleicht litt ich schon unter Paranoia, aber ich wollte unbedingt wissen, was sie dort verbarg. Die Schlagzeile „Geistig verwirrter Klavierlehrer mit Kontakten ins Eifler Rotlichtmilieu mit Machete enthauptet" passte nicht unbedingt in mein Werbekonzept und meine Lebensplanung.

„Sie haben eben so konzentriert meine Hände betrachtet, da würde ich jetzt gerne mal ihre beiden Hände sehen. Nur mal schauen, ob auch alles in Ordnung ist, und so…"

Ihr Blick verfinsterte sich schlagartig.

In diesem innerlich gespaltenen Wesen schienen Jack the Ripper und Emily Erdbeer nebeneinander gefangen zu sein. Wieder war ihre Nase wenige Zentimeter vor der meinen. Beide Hände hatte sie wie Schraubstöcke in meinem Hemdkragen vergraben, Blitze schienen aus ihren wirren Augen zu schießen.

„Mit mir ist ALLES in Ordnung, hören Sie? Wirklich ALLES!"

Sie verharrte in dieser Stellung einige Sekunden wortlos, um mich danach loszulassen und ohne weiteren Kommentar ins Musikzimmer zu schlurfen.

Hätte ich am Morgen nicht schon so angenehmen Stuhlgang gehabt, wäre dieser Moment sicher der Richtige gewesen, wo er…

„Ich warte!"

Sie trommelte im Musikzimmer ungeduldig mit ihren Händen auf den Deckel meines Flügels.

Ich stürmte zu ihr und rief halb außer Atem, „Yes, Madam!", wobei ich beinahe hündisch salutierte.

Wir beide mussten lachen. Zunächst hatte ich meinen Hals aus der Schlinge gezogen, aber nur vorläufig, wie sich zeigen sollte.

„Welche Stilrichtung wollen Sie eigentlich spielen?" fragte ich sie interessiert.

„Jazz, Pop, Klassisch?"

Gute zwei Minuten herrschte gespannte Stille. Irgendetwas ging in ihr vor. Sie grübelte still vor sich hin. Nach und nach schien sich vor ihrem inneren Auge heraus zu manifestieren, was sie letztendlich wollte. Ganz so, als ob sie sich zum ersten Mal mit dem Gedanken beschäftigen würde.

Sie lächelte und schaute dabei nach oben, als sei sie im Zwiegespräch mit einer höheren Macht.

„Ich möchte…", murmelte sie, Denkpause, verträumt-verschwörerischer Blick zur Decke und verdächtige Ruhe…

Plötzlich schossen wieder ihre klodeckelgroßen Hände bedrohlich und unnachgiebig auf meinen Hals zu. Ich war wieder im Klammergriff und ihr hilflos ausgeliefert.

Still beschloss ich, „Pfefferspray" auf die nächste Einkaufsliste zu setzen.

Ihr Kopf beschrieb eine einhundertachtzig Grad Wende und schoss mit halber Lichtgeschwindigkeit auf mein Gesicht zu. Gut zwei Millimeter vor meine Nase bremste die Stachelbeere.

„Ich möchte…die KLASSIKER lernen!"

Dabei machte sie vor „KLASSIKER" eine theatralische Pause, zog die Augenbrauen hoch und gab dem Wort eine feierliche, fast unheimliche Würde. So, als ob sie in geheimer Runde den Aufenthaltsort des heiligen Grals kundgeben wollte.

Eine innere Blockade schien sich gelöst zu haben, denn der Schraubstock lockerte sich, ihre Hände sanken in ihren Schoß und sie ruhte zwei Minuten in sich selbst, den Kopf lächelnd nach oben gerichtet, hier und da bestätigend nickend und mit einer imaginären Person sprechend.

Von Emotionen innerlich hin und her gerissen und von Gedanken bestimmt, die zwischen Flucht, Niederschlagen und Einsperren lagen, zwang ich mich zur Ruhe.

„Das freut mich sehr, dann geht es gleich in der ersten Stunde mit einem Klassiker los!"

„Oh wie schön!" Sie klatsche mit ihren Händen zusammen. Wie ein Seehund, der auf einen Fisch wartete, nur viel unbeholfener, eher wie eine kleine Autopresse. Ich stellte mir meinen Kopf zwischen diesen Mörderhänden vor, was mein Unbehagen vergrößerte.

Sie verharrte einen Moment. Das was folgte, kannte ich bereits: Kopfdrehung, Schraubstock, Stachelbeere im Gesicht.

„Was ist das denn für ein Klassiker?"

Ihre Pupillen wurden nadelkopfgroß und schienen sich in die meinen zu bohren. Ihre struppigen Augenbrauen kratzten wie eine Drahtbürste an meiner Stirn entlang.

Ich spürte förmlich den Hauch des Todes, auch wenn es wahrscheinlich nur ihr Atem war. Dieser Eindruck förderte bei mir die Assoziation von Fleischresten, die seit einigen Wochen in der Sonne gelegen hatten.

„Welchen Klassiker ich meine? Die C-Dur-Tonleiter! Fangen wir an!"

Der Klammergriff löste sich und sie fing an, das Klavier in ihren Focus zu nehmen.

Für diese groben Finger stellte sie sich erstaunlich geschickt an. Der Rest der Stunde verlief ohne größere Zwischenfälle – sieht man ab von einer kleinen „Ich bin schlecht" - Depression mit Tränenbildung im Literbereich und einer „Ich werfe alles hin" - Phase im wörtlichen Sinne. Wir verabredeten uns für die nächste Woche.

Meine Einkaufsliste erweiterte ich sofort um knitterfreie Hemden und ein Psychologiehandbuch und beschloss, endlich „Projekt G" anzupacken, das Projekt „Geige".

9 Tee mit Geschmack

„Wo ist der Hund?"

Simone war von der Arbeit nach Hause gekommen und hatte Frau Schliemanns feuchte Begrüßung vermisst.

„Schau mal unter der Eckbank nach!" rief ich ihr aus dem Musikzimmer zu.

Und wirklich: Frau Przkow hatte bleibenden Eindruck hinterlassen. Nur mit einer Wurst und viel Zureden gelang es uns, das verstörte Tier aus seiner Zufluchtshöhle zu locken. Die abstehenden Haare legten sich erst im Laufe des restlichen Tages.

„Wie war Dein Tag?", fragte Simone, wie sie es immer tat. Es war kein Dahingeplapper, wie es bei anderen Pärchen smalltalk-artig und fast ritualhaft täglich millionenfach zu beobachten ist, sondern erinnerte eher an die Inquisition. Sie, die regelmäßig morgens in der Frühe zur Arbeit ging, wollte von mir, dem Schöngeist, wie sie mich gern bezeichnete, täglich einen lückenlosen Nachweis, was ich über Tag getrieben habe.

„Hans-Werner Olm war zur Probestunde da und hätte mich fast mit einer Machete zerlegt, ein australischer Lautespieler hat mit mir einen sprachwissenschaftlichen Diskurs über mitteldeutsche Dialekte geführt und ich habe unsere Einkaufsliste geschrieben!"

„Verarschen kann ich mich alleine!"

Sie riss mir die Einkaufsliste aus den Händen.

„Der psychologische Ratgeber auf deiner Liste scheint ja angemessen zu sein, aber Reizgas? Willst du deiner armen Frau endlich ein Mittel gegen ihren psychopathischen Mann in die Hände geben?"

Wortlos packte ich ihr T-Shirt mit beiden Händen wie in Schraubstöcken, drehte meinen Kopf in Przkow-Manier schlagartig vor ihre Nase und kreischte mit greller Pumuckl-Stimme „Ich möchte die Klassiker lernen". Dabei verdrehte ich bei „Klassiker" meine Augen, dass ich Angst hatte, sie würden so stehen bleiben. Danach schaute ich wie mein psychologisch geschädigtes Vorbild schizophren zur Seite und hielt stille Zwiesprache mit einem imaginären Gegenüber.

Frau Schliemann jagte wieder unter die Eckbank, Simone schloss sich mit den Worten „Du Psychopath" kreischend auf der Gästetoilette ein und ich stand da wie ein begossener Pudel.

„Przkow!" rief ich hilflos, um das Gesehene zu erklären.

„Gesundheit!" kam es aus der Toilette.

„Ich habe Dir Frau Przkow vorgespielt!"

„Frau wer?"

„Meine gestörte Schülerin von eben!"

Ich überredete sie, aus dem Bad zu kommen und erklärte ihr bei einem Kaffee, was Frau Schliemann und ich an diesem Tag durchgemacht hatten und dass wir haarscharf einer Tragödie entgangen waren.

Wenngleich sie nun vieles besser verstehen konnte, bestand sie dennoch darauf, das Reizgas von der Einkaufsliste zu streichen.

Ich willigte gerne ein – ich würde es mir auf anderem Wege beschaffen.

„Und was ist mit dem Geigenunterricht?"

„Inken ist mit im Boot. Hab ich eben klargemacht!"

„Inken?"

„Die Geigenlehrerin aus Köln!"

„Woher kennst du die denn?"

„Hab ihre Nummer aus dem Internet!"

„Und wie ist sie so?"

„Weiß ich doch nicht!"

„DU hast doch mit ihr gesprochen, oder?"

„Nö, wir haben nur gemailt und sie hat mir sofort zugesagt. Morgen kommt sie sich vorstellen. Adrew übrigens auch!"

„Hierhin? Du solltest dir langsam andere Räumlichkeiten suchen! Das ist doch kein Laufhaus hier!"

Eigentlich hatte sie Recht. Sollte das Geschäft so anlaufen, wie ich es erwartete, würden sich bald Kreti und Pleti die Klinke in die Hand geben und wildfremde Leute in unserem Haus unterrichten.

„Laufen ist ein gutes Stichwort! Ich geh mal mit Frau Schliemann durch die Stadt Gassi und schaue mir mal an, was an Geschäften leer steht!"

Eine zweite Wurst war fällig, damit Frau Schliemann die Eckbank verließ. Wir beide machten uns auf den Weg und suchten eigentlich eine Unmöglichkeit: Ein Geschäft mit einigen kleinen Räumen, zentraler Lage zum kleinen Preis. Und das Unmögliche wurde möglich, denn wir hatten Glück:

An der Hauptverkehrsstraße, die sich durch das Sechstausend-Seelen-Städtchen zog, lag die Bäckerei Kasper. Früher, als ich noch klein war, war es zumindest die Bäckerei Kasper. Hier holten wir unsere Frühstücksbrötchen, hier erzählte ich am Weihnachtsmorgen 1981 als Fünfjähriger Frau Kasper unter der Hand, dass ich dem Heiligabendbeschiss mit Christkind und Weihnachtsmann auf die Schliche gekommen war, aber aus Rücksicht auf die kindliche Freude meiner Eltern noch ein wenig den Ahnungslosen spielen wollte.

Nachdem die Bäckerei in den Neunzigern aus Altersgründen und mangels Nachfolger schließen musste, gaben sich bis heute rund ein Dutzend erfolglose Geschäftsleute die Klinke und den Offenbarungseid in die Hand. Und gerade jetzt war es wohl wieder einmal soweit. Deren Pech – mein Glück, dache ich.

Diese Reihe erfolgreicher Insolvenzen sollte Grund genug sein, die Vermieterin des Geschäftes auf einen niedrigen Mietzins zu drücken. Denn es sollte in ihrem Sinne sein, Einnahmen zu haben, die zwar niedrig waren, aber beständig flossen.

Lange stand ich vor ihrer Haustür und überlegte hin und her und stellte das Projekt „Musikschule" an sich in Frage. In einem Anflug von Enthusiasmus klingelte ich dann doch bei der Vermieterin, Frau Meier.

„Wer da?", krächzte es aus der Gegensprechanlage. Sie musste zwischen siebzig und achtzig sein – bestens! Mit Dementen verhandele ich für mein Leben gern, dachte ich und sollte mich damit saftig irren.

„Hier ist das Ende ihrer Sorgen!"

„Dummschwätzer!"

Es knackte. Sie hatte wohl aufgelegt. Manche Leute musste man regelrecht zu ihrem Glück zwingen. Ich klingelte noch einmal.

„Wer da?" Täglich grüßt das Murmeltier…

„Der Dummschwätzer!"

„Was ist noch? Ich bin relativ alt, da ist jede Minute kostbar. Ich habe keine Lust, meine verbleibenden Lebensminuten mit Dummgeschwätze zu vergeuden!"

„Ich will ihren Laden mieten!"

Stille.

„Was soll denn da rein? Doch wohl kein Handyladen? Das haben schon fünf vor ihnen versucht. Die laufen hier nicht!"

„Ich hatte nicht vor, als Pleitier Karriere zu machen."

„Die anderen auch nicht. Und wer hatte wieder das Nachsehen? Als Vermieter steht man heutzutage immer…"

„Das ist jetzt Schnee von gestern. Mit mir steht die Lösung all ihrer Probleme vor der Haustür. Der Sensenmann, der mir eben begegnet ist und der nach Ihnen gefragt hat, verspricht ihnen das zwar auch, aber wo sie ihn jetzt schon so lange haben warten lassen…"

Ich biss mir auf die Lippe. Das war eindeutig zu frech gewesen.

Doch schallendes Gelächter dröhnte aus der Gegensprechanlage.

„Du bist zwar ein Dummschwätzer, hast aber Humor. Das mag ich, Junge. Komm rauf, dann sehen wir weiter. Erster Stock, dritte Tür rechts. Aber ein bisschen hurtig, meine Zeit läuft, aber das weißt du ja."

Es summte kurz und die Tür ließ sich leicht öffnen. Das große Mietshaus direkt neben der „Bäckerei Kasper" schien ihr ebenfalls zu gehören. Zumindest war ihr Türschild das einzige, das aus Edelstahl mit eingraviertem Namen war. Die anderen Wohnungen hatten Plastikschilder. Die Mieterfluktuation hier schien der des Ladens um nur wenig nachzustehen.

„Wo bleiben sie denn?" krächzte es ungeduldig das Treppenhaus herunter.

Typisch Rentner! Den ganzen Tag Zeit und trotzdem unter Dauerstress. Wahrscheinlich gab ihnen dieser künstlich und selbst erzeugte Stress das Gefühl, noch nicht auf dem Abstellgleis zu stehen. Ich zeigte guten Spurt zum bösen Spiel und gab mächtig Gas. Indem ich zwei Stufen gleichzeitig nahm, hetzte ich wie ein Besessener durch das Treppenhaus und kam fix und fertig bei ihr oben an.

Dort wurde ich mit prüfendem und strengem Blick erwartet, gleich einer Domina, die auf ihren Sklaven herabsieht oder einer Hundebesitzerin, deren Hund gerade ins Wohnzimmer…

„Sie kenn ich doch! Sind sie nicht…"

Meine Popularität als Musiker, die diverse Zeitungsartikel belegten, rührte mich jedes Mal fast zu Tränen.

„Ja, der Chorleiter, den Sie aus der Mosel-Zeitung kennen!", sagte ich stolz und legte ein Blendax-Grinsen hin, als wenn ich einem Bildhauer Maß stehen sollte oder das ehrgeizige Ziel verfolgte, alle Zähne gleichzeitig an der frischen Luft zu haben.

„Nein, sie sind doch…"

„Der bekannte Organist, der Tastenritter, der…"

„Halt doch mal die vorlaute Klappe! Du bist doch der Flegel, der mir beim letzten Oktoberfest in den Hauseingang gekotzt hat. Ich hab´s genau gesehen!"

Ich stand wie vom Blitz getroffen, mit tiefenentspannter Gesichtsmuskulatur, wie ein durch und durch Blöder vor der alten Dame und wusste jetzt, warum sie als Hauseigentümerin eine Wohnung im ersten Stock zur lauten Straße besaß: Weil sie von dort einen ungestörten Blick auf Straße und Anwesen hatte.

Das war nahezu perfekt, denn ich konnte mir damit die teure Alarmanlage sparen.

„Wir waren doch alle mal jung", lächelte ich verlegen.

„Sie sind es noch, junger Mann", entgegnete Frau Müller.

„Und sie wirken so, junge Frau!". Ich hoffte, mit der Schleimattacke vom Oktoberfest und den damit verbundenen Sekreten im Hauseingang abzulenken.

„Dummschwätzer!", lächelte sie und fuhr sich durch ihre braun gefärbten, vollen Haare.

Das musste man ihr lassen: Auf ihr Äußeres gab sie auch mit siebzig Jahren noch was und bestimmt eine Unmenge dafür aus.

Sie war fast so groß wie ich und gekleidet, als wolle sie im Grandcafé einen knackigen Mittsiebziger aufreißen und abschleppen:

Klassisch-maritimer Look mit Leopardenfifi, goldene Schühchen Marke Spinatwachtel und die sündhaft teure Fellmütze von Perücken-Maier. Das war Maßarbeit. So eine Perücke hat ihren Preis – außerdem konnte sie dieses Haustier abends kraulen wie jedes andere und hatte die lästigen Futterkosten gespart.

„Wollen Sie einen Tee, junger Mann?"

Gegen ein Teechen war nichts einzuwenden. Ich folgte ihr in ihr Reich.

Wie mit einer Zeitmaschine war ich beim Übertreten der Türschwelle in die Dreißigerjahre versetzt. Fast so, wie bei Kohlmanns, nur viel eleganter und ohne die lästigen Verbote.

„Gehen Sie doch schon in den Salon!" rief sie freundlich, während sie in der Küche verschwand.

Der Salon. Aha. Vielleicht schmeißt sie gleich noch ihr Grammophon an.

Vielleicht hat sie auch ein eigenes Muppet-Show-Salonorchester, bestehend aus den Sklaven, die nebenan Pleite gemacht haben, das sie aus dem Schrank…

„Ist schwarzer Tee recht?" fragte sie, während sie ein Stövchen, eine Kanne mit schwarzem Tee und zwei Tassen herein trug.

Mir war sofort klar, dass es sich hier um Kohlmannsche Fragetaktik handelte und dass Widerspruch zwecklos war. Ich nahm Platz und sie die Teekanne in die Hand.

Während ich noch nickte, um die Kohlmannsche Frage zu beantworten, goss sie bereits ein.

Ihre eigene Tasse randvoll, in meine nur eine kleine Pfütze, so dass Zweidrittel der Tasse leer waren.

Klasse. Geizig ist sie auch noch, dachte ich.

In diesem Moment griff sie hinters Sofa und holte zielstrebig eine randvolle Flasche Cognac hervor.

„Männer mögen gerne Tee mit Geschmack, oder?"

Dabei zwinkerte sie mit einem Auge und füllte, ohne meine Antwort abzuwarten, die Tasse bis zum Rand.

„Prösterchen!"

Das konnte ja noch was werden! Ich hatte den ganzen Tag noch nichts Richtiges gegessen. Nach dieser Tasse mit kochendem Alk würde ich es auch nicht mehr können, weil bestimmt meine gesamte Gesichtsmuskulatur entgleiten würde. Aber ich hatte ja Frau Schliemann dabei, die den Weg nach Hause kannte.

Wir redeten über dies und über das, der ersten Tasse folgten die zweite und die dritte, während sie immer schön Tee ohne und ich Tee mit Geschmack trank.

Als die Flasche Cognac proportional zu meiner Artikulationsfähigkeit zur Neige ging, kam sie zum Geschäftlichen. Donnerwetter! Die war knallhart! Mit allen (Obst-) Wassern gewaschen!

Mich erst gepflegt abfüllen und dann bei der Vertragsunterzeichnung einen entscheidenden Vorteil besitzen: Den Überblick!

Doch zu meiner späteren Erleichterung nutzte sie meinen Zustand nicht aus. Im Gegenteil. Ich war ihr wohl sympathisch. Auch meine Geschäftsidee fand sie spannend. Wahrscheinlich fand sie alles außer Handys reizvoll.

Wir einigten uns auf einen dynamischen Mietzins, gekoppelt an den Gewinn. Wo findet man heutzutage noch so was?

Schwankend und gleichzeitig tiefglücklich machten Frau Schliemann und ich uns nach Vertragsunterzeichnung winkend auf den Heimweg. Was würde wohl Simone sagen, wenn sie mich so sah? Wie sollte ich ihr meinen Zustand erklären? Wie erklären, dass ich mal eben mit dem Hund spazieren ging und wenige Minuten später stolzer Mieter einer Musikschule war.

Gott sei Dank machten es mir die Umstände einfach. Die Tatsache, dass ich nichts Verständliches mehr Sagen konnte, sollte die Sache zu Hause um einiges einfacher machen. Daneben war der Heimweg so viel entspannter, da ich mir keine dummen Ausreden durch den Kopf gehen lassen musste.

Dort gingen andere Dinge durch: Sechs Tassen schwarzer Tee und eine Flasche Cognac suchten mit mir ihren Weg nach draußen.

Da Madame Müller nach der Oktoberfesterfahrung wahrscheinlich mit Argusaugen vom Salon aus meinen Abgang verfolgte und ihren Vorderlader stopfte, sah ich als Ort der Erleichterung vom Hauseingang der „Bäckerei Kasper" ab (zumal es meine neue Schule war!) und befreite mich in den Sichtschacht des gegenüberliegenden Sportgeschäftes. Saubere Sache, denn man sah nichts und sie Sauerei fiel erst an den folgenden Tagen auf.

Im Weggehen sah ich einen Daumen, der sich emporgereckt durch die dichten Gardinen des Salons schob. Ich hatte Recht behalten: Die Alarmanlage war scharf gestellt. Auf sie war Verlass. Und das sollte so bleiben!

10 Fucking Police

Heute war der Tag, an dem ich Andrew und Inken kennen lernen würde. Inken und Andrew - klang ein bisschen wie Volksmusikduo und öffentlich-rechtliche Volksverdummung. Willkommen in Ollis Musikantenstadl, dem Sammelbecken für gescheiterte Musikerexistenzen, heute mit Inken und Andrew.

„Wir müssen noch zu IKEA, Einrichtung kaufen", rief Simone aus ihrem Arbeitszimmer.

„Aber bei Deinem Restalkohol sollte wohl besser ich fahren!"

„Heute Nachmittag, nach Inken und Andrew, ok?"

„Inken und Andrew", kicherte sie, „das klingt wie.."

„Marianne und Michael?"

„Stimmt. Nur noch ein bisschen künstlicher. Aber im Rahmen der Globalisierung werden wohl selbst die Deutschen Volksmusikstars immer internationaler..."

„Ich denke, Andrew müsste gleich da sein. Sein Zug ist vor zwanzig Minuten angekommen. Wenn er zügig geht, klingelt es wohl jeden Moment"

Gut dreißig Minuten vergingen ohne Klingelgeräusch.

„Sehr zuverlässig, dein neuer Mitarbeiter", ätzte Simone.

„Vielleicht hat er sich verlaufen?", nahm ich ihn in Schutz.

„Olli! Wir wohnen nicht in einer Großstadt. Selbst ein Australier sollte in der Lage sein, in einer Kleinstadt nach der Hildegard-Knef-Straße zu fragen."

War er auch und genau das war sein Problem.

Weitere dreißig Minuten vergingen, ohne dass jemand klingelte.

Wie häufig in solchen Situationen, die man sich rational nur schwer erklären kann, trieb meine Phantasie wirre Blüten:

„Die Klingel!" Ich sprang auf.

„Es hat doch gar nicht geklingelt!", belehrte mich Simone.

„Das weiß ich. Aber sie ist bestimmt kaputt!" rief ich und stieg auf einen Küchenstuhl, um nach der Klingel zu schauen. Sicher war es die eingelegte Blockbatterie, die leer oder zu schwach war. Ich baute sie aus dem Plastikgehäuse.

Es klopfte wie wild an die Haustür. Simone öffnete.

„Ihre Klingel ist kaputt!" rief es von draußen herein. Andrew konnte es nicht sein, dafür war die Stimme zu hoch und der Satz grammatikalisch gesehen zu richtig.

„Du hast doch Recht gehabt, Olli. Die Klingel geht nicht!"

„Simone! Sie kann nicht gehen, wenn ich die Batterie in der Hand habe!" schimpfte ich ungehalten.

Ein süßer Hauch von Weihrauch oder Opium bzw. süßen Raubtierurins wehte durch den Flur.

„Wenn sie für den Zirkus sammeln, hätten wir was für sie. Schauen sie mal unter der Eckbank nach!" rief ich in den Flur, ohne zu sehen, wer dort stand.

„Olli! Die Dame hat einen Geigenkoffer unter dem Arm!" rief Simone durch den Flur.

„Sie müssen Inken sein. Entschuldigen sie bitte meinen Mann, er hat nicht nur einen Vogel sondern auch einen ausgeprägten Kater!"

Sie warf mir einen bösen Blick zu.

„Kein Problem", lächelte Inken und schob sich in den Flur und Frau Schliemann zur Seite, die sie wie wahnsinnig begrüßte. Wahrscheinlich löste der Geruch irgendwelche Rudeltriebe aus.

„Kennen Sie Feng-Shui", fragte sie mich vorsichtig, während sie ihren Blick durch unser Haus schweifen ließ.

„Klingt wie ein Koreaner. Wenn er Schlagzeug spielen kann, können sie mir seine Nummer dalassen", bot ich Inken an, während ich die Klingel wieder zusammensetzte.

„Unmöglicher Mensch!" zischte Simone und begleitete die verstört blickende Inken ins Wohnzimmer.

„Wissen sie, wenn sie ihre Möbel nach Feng Shui ausrichten, bekommt ihr Leben eine Menge positiver Schwingungen. Tut ihnen gar nicht so schlecht", sagte sie in meine Richtung und zwinkerte mit einem Auge.

„Lassen Sie vielleicht erst mal ihre Geige schwingen, damit ich weiß, mit wem ich es musikalisch überhaupt zu tun habe", rief ich aus dem Flur, während ich den Küchenstuhl zurückstellte.

„Olli!"

Simone war kurz davor, etwas nach mir zu werfen.

Inken lächelte nur und nickte Simone beruhigend zu und packte ihre Geige aus dem Koffer, spannte den Bogen und spielte los. Zunächst eine langsame Melodie aus Finnland, wo sie lange studiert hatte. Diese Melodie nahm an Geschwindigkeit und Dynamik zu und endete in einem wahren Furioso, bei dem ich mir Gedanken machte, ob ich gleich die Geige löschen müsste, da ihre Finger so schnell und dennoch unglaublich zielsicher über das Griffbrett rasten, dass man die einzelnen Finger gar nicht mehr erkennen konnte.

Das Furioso wurde zu einem irischen Jig, um über „Smoke on the water" zurück zu einer Bachschen Solosonate die ruhige Melancholie des Anfangs wiederzuerlangen.

„Phantastisch!", rief ich und klatschte begeistert Applaus.

Simone war sprachlos. Ein seltener Anblick.

Lautlos und unendlich glücklich war auch Frau Schliemann, die völlig tiefentspannt auf ihrem Rücken lag und sich nicht mehr bewegte – wie immer, wenn ihr etwas total gefällt.

„Ich glaube, der Hund ist tot", murmelte Inken besorgt.

„Der freut sich bloß, die kommt gleich wieder auf die Beine", lachte Simone.

Frau Schliemann schmatze dreimal genüsslich und gab ein Geräusch von sich, das man von Plüschbären kennt: „Böööööh"

Lautstark lachten wir los. Frau Schliemann, die von dem lauten Gelächter schlagartig aus ihren süßen Geigenträumen geweckt wurde, war schneller auf den Beinen als vermutet.

„Komischer Hund", sagte Inken, „aber er hat Charisma!"

„Vor allem hat der noch andere Geräusche drauf, seid froh, dass es nur das Böööh war!" lachte ich.

„Tut mir leid, dass ich eben so patzig war, aber im Moment ist alles etwas viel", versuchte ich mich für meinen peinlichen Auftritt im Flur zu entschuldigen.

„Ist schon vergessen", sagte Inken und lachte.

„Sollen wir nicht zum Musiker-Du übergehen, ich fühle mich sonst so alt", sagte Inken mit einem Augenzwinkern. Das Luder! Aber warum nicht.

„Ich heiße Olli!", sagte ich und schüttelte ihre Hand. Doch das war ihr zu förmlich. Sie zog mich unter Simones kritischem Blick an sich und drückte mich herzlich.

Inken hatte die Schwingungen aus Simones Ecke bemerkt und nahm gleich nach mir auch sie in den Arm. Großes Kino! Eine Theatralik, als wäre unsere verschollene Schwester nach ihrer Verschleppung auf eine indische Reisplantage nach zwanzigjähriger Odyssee rund um den Globus endlich wieder zu Hause.

„Nachdem sie ja jetzt quasi zur Familie gehört, können wir auch zusammen Kaffeetrinken, Inken, nicht wahr?" stichelte Simone. Sie hatte wohl vermutet, dass sich Inken verabschieden würde, hatte aber nicht mit deren Leidenschaft für Süßes gerechnet, die sie mit mir teilte.

Während sie grummelnd den Kaffeetisch deckte, klärten Inken und ich das Geschäftliche.

Ich hatte mich von meinem ersten Eindruck täuschen lassen: Inken war zwar augenscheinlich auf dem Eso-Trip und ernährte sich bestimmt von Vogelfutter aus dem Baumarkt und Tofu-Bratlingen aus dem Tiefkühlregal, passte aber charakterlich voll und ganz in unser Team – das bislang nur aus mir bestand.

Sie aß sogar Simones Rührkuchen. Respekt.

„Wie heißt unsere Musikschule eigentlich?" schmatzte Inken kauend, während sie das dritte Stück Rührkuchen in ihrem Mund verschwinden und den Krümelberg auf dem Tisch anwachsen ließ.

UNSERE Musikschule? Hatte ich mich verhört?

„Ja, Olli, wie heißt den UNSERE Musikschule?", zickte Simone und trat mich unter dem Tisch ans Bein.

Ich kam mir bei dieser Fragetechnik vor wie in der Hundeschule, Stundenthema Possessivpronomina.

Aber im Kern hatte Inken ja Recht. Wir hatten Räume, wir hatten ein zweiköpfiges Kollegium, aber wir hatten keinen Schulnamen. Ganz schön dämlich. Aber dass mich ausgerechnet die geigende Alice Schwarzer Krümel spuckend darauf hinweisen musste…

„Sie heißt…", sagte ich und blickte dabei verheißungsvoll nach oben. Wie der Seher aus dem gleichnamigen Asterixheft, der der gespannten Dorfbevölkerung weissagt, ob das Unwetter am Dorf vorbei geht oder den völligen Untergang bedeutet.

Alle hingen an meinen Lippen. Ich liebte das, wusste aber immer noch nicht, welche Neuigkeiten ich verkünden sollte.

„Ja, wie heißt sie denn nun", drängte Simone.

Irgendetwas mit Noten musste ich mir einfallen lassen.

„Ratet doch mal!"

Ich hatte Zeit gewonnen, indem ich die verwirrt blickende Dorfbevölkerung selbst mit der Deutung der Orakelknochen beauftragt hatte.

Quizshow live: Beide grübelten. Ich grübelte ebenfalls, nur zeigte ich es ihnen nicht, sondern trommelte scheinbar ungeduldig mit den Fingern auf den Tisch.

In Gedanken jonglierte ich tausendfach das Wort „Noten" herum. Plötzlich kam mir der rettende Einfall.

„Ich will Euch erlösen, es fällt Euch ja eh nix rechtes ein. Sie heißt: Musikschule…"

Totenstille. Inken stellte sogar das Kauen ein. Die Ruhe war angenehm. Mir war gar nicht bewusst, dass die kauende Inken für das Hintergrundgeräusch verantwortlich war, sondern hatte es für die laufende Spülmaschine gehalten.

„Musikschule Notgeil! Super Idee, was?"

Ich stellte mich auf tosenden Applaus ein, stattdessen sahen mich beide an, als hätten sie gerade an einem Pferdeapfel gerochen.

„Bist du bescheuert? Wie kommst du denn DA drauf?"
fragte Simone ungehalten.

„Was hat DAS denn mit Musikunterricht zu tun?"
Inken fasste sich ungläubig an ihre Stirn. Beide waren
sich zum ersten Mal einig – wenigstens etwas.

„Ist doch ganz einfach", erklärte ich den beiden, die den
Sachverhalt noch nicht ganz erfasst und vergeistigt zu
haben schienen.

„Die Musikschüler sind geil aufs Noten lernen. Eben
Not(en)geil. Das ist ein Wortspiel"

„Aber kein gutes!"
Inken starrte fassungslos ins Leere, während Simone den
Kopf auf die Tischplatte fallen ließ.

„Zu intellektuell?", fragte ich besorgt.

„Genau!" stöhnte Simone und nahm ihren Kopf wieder
hoch.

„Außerdem hast du dann wieder Meiki am Hals. Sei
froh, dass er von uns abgelassen hat!"
Das war ein Argument.

„TonArt" strahlte Simone.

„Gibt's schon. Außerdem wäre ich dann der Ton-
Leiter!"
Ich lachte mich schlapp. Simone nahm die bequeme
Sitzhaltung mit dem Kopf auf dem Tisch wieder ein.

„MelodieArt" rief Inken begeistert und spuckte explosi-
onsartig ein halbes Stück Kuchen über den Tisch.

„Gibt's im Westerwald schon! Hab ich gegoogelt. Außerdem: Kau doch bitte mal zur Abwechslung!"
Stille.

Bis auf Inkens Schmatzgeräusche, die sich anhörten wie
eine zehnköpfige Touristengruppe auf Wattwanderung
im knietiefen Matsch, war nichts zu hören.

„Ich habs!", rief ich in die Runde. Die Wattwanderung verstummte. Ich genoss wieder einige Momente der Ruhe.

„Musikschule Olli Schütz! Zusatz: Der Meister unterrichtet selbst!"

„Gar nicht schlecht. Zumindest gibt es das noch nicht", meinte Inken, während sie die Krümel, die sie auf der gesamten Tischplatte in ihren Unterteller zusammen gekratzt hatte, mit Kaffee runterspülte.

„Nur der Zusatz muss weg – Du willst doch Kunden haben", giggelte Simone.

Diesmal trat ich nach ihr, traf aber versehentlich Inken.

„Aua! Was hab ich denn gemacht? Will noch einer ein Stück Kuchen oder kann ich..:"

„Simone packt ihn dir ein, du kannst ihn ja im Zug nach Köln essen!"

Inken strahlte zufrieden. Sie hatte ihren Kuchen, ich meinen Schulnamen und Simone ihre Ruhe, da Inken den Nachhauseweg antrat.

Ich gab ihr noch die Kontaktdaten der Probeschüler mit und verabschiedete mich zum ersten Unterrichtstag in etwa zwei Wochen. Da klingelte es.

„Siehste, die Klingel geht doch", klugscheißerte Simone.

„Ist ja jetzt auch eine Batterie drin", blockte ich ab.

Inken öffnete unterdessen.

„Good evening", schallte es durch das Haus.

„Bist du die housesitter?"

Das musste Andrew sein.

„Du bist zwei Stunden zu spät", rief ich ins Ungewisse, denn sehen konnte ich den australischen Laute-Gott noch nicht. Aber laut war er schon mal…

„Ist das die Zeitverschiebung oder was?"

„Fucking Eifel-Police!", schimpfte er von draußen.

Mittlerweile hatte ich die Tür erreicht und konnte sehen, mit wem ich telefoniert und durchs halbe Haus gebrüllt hatte. So also sah ein Australier aus:

Haare zwei Millimeter kurz, Muskelshirt, Tarnfleckenhose – wobei die Tarnflecken nicht die einzigen waren. Auf den ersten Blick hätte man ihn für einen amerikanischen Drill-Sergeant oder einen ostdeutschen Fußballfan halten können.

„Ich bin Olli! Hello again!"

Wir beide lachten.

„Aha, die Herren duzen sich bereits?", fragte Inken eifersüchtig.

„Sure. Wer bist Du eigentlich?"

„Inken, Geigenlehrerin. Und du?"

„Andrew, Gitarrenlehrer!"

„Das Imperium wächst!", witzelte Simone von hinten, während Inken dem ahnungslosen Andrew an ihrer mächtige Brust sämtliches Blut aus den Gliedern zu drücken schien.

„Wo warst du so lange?", fragte ich, während ich ihn aus Inkens Umklammerung und in den Flur zog.

„Routine-Kontrolle. Irgendwie fand eure Dorfpolizei mich verdäktik!"

„Ver-was?"

„Däk-tik!"

„Verdächtig!", verbesserte Inken und Andrew nickte.

Das lag gar nicht so fern. Man stelle sich vor: Unsere beiden Provinzpolizisten stellen sich ahnungslos ans Bahngleis und innerlich schon auf ihr Schichtende ein. Plötzlich betritt dieses auffällige Geschöpf ihr Hoheitsgebiet und sieht dabei nicht unbedingt aus, wie der Eifler Durchschnittsbürger.

„Aber das Überprüfen der Personendaten dauert doch keine zwei Stunden?"

„No. Documents waren schnell gecheckt. Sie wollten mich grade gehen lassen, da habe ich big Fehler done!"

„Du hast sie beleidigt?"

„No! Ich hab nach die Hildegard-Knef-Street gefragt. Weil da meine neue Arbeitsstelle ist. Da haben die nix mehr gesagt, sich kurz angeguckt und ohne was sagen mit auf Policestation geschleppt!"

Sie hatten ihn für einen Aushilfsstricher gehalten. Ich dachte, das Missverständnis sei endlich aus der Welt…

Auch, wenn der Schuss nach hinten losgegangen war: Das Werbekonzept des alten Voss ging voll auf. Unsere Straße war bekannt bis in den Köln-Bonner Raum. Nur leider nicht als Musikschule, sondern als perverse Schnäppchenmeile, die es natürlich nie gegeben hatte.

„Kein gut Gegend here, what?"

„Du brauchst nichts weiter zu sagen, es ist ok!", versuchte ich, Andrew und vor allem Inken von weiteren Fragen abzuhalten.

„Ich schlage vor, ich fahre mit Andrew und Inken mal in der Musikschule vorbei, dann können die beiden sehen, wo sie arbeiten und gemeinsam nach Hause fahren", rief ich Simone zu.

„Zu dir oder zu mir", witzelte Inken in Richtung Andrew, der sofort einen knallroten Kopf bekam, der durch die kurzen Haare noch viel spektakulärer wirkte.

„Ich glaube, wir fahren besser mal", sagte ich mit Blick auf Simone, die schon wieder Anflüge von Eifersucht bekam.

An der Einmündung zur Hildegard-Knef-Straße begegnete uns ein Streifenwagen. Die Beamten wollten sich wohl versichern, dass hier wirklich alles seine Ordnung hatte.

„Police!", brüllte Andrew und warf sich in einem Mörderreflex vom Beifahrersitz in den Fußraum, was von außen ausgesehen haben muss, als hätte ihn jemand von unter dem Auto an den Füßen durch die Bodenplatte in die Tiefe gerissen.

Inken verfiel in eine Art Übersprungshandlung und begann wie eine Wahnsinnige, dem Polizeiauto zuzuwinken. So, als sei sie ein Entführungsopfer, das unauffällig um Hilfe ruft. Ich versuchte, durch ruckartiges Bremsen und Gas geben ihren Kopf solange gegen Andrews Kopflehne zu hauen, bis sie es endlich sein ließ.

Parallel klappte ich die Sonnenblende herunter, um nicht erkannt zu werden.

Dieses Schauspiel muss sehr grotesk ausgesehen haben, da mich die Nachbarn noch heute gerne mit Tränen in den Augen darauf ansprechen.

Die Polizisten blieben davon ungerührt. Der eine schüttelte unablässig und vehement den Kopf, der andere zeigte uns einen Vogel nach dem anderen.

„Miese Gegend!", keuchte Andrew, der noch immer im Fußraum gequetscht lag. Auf der Rückbank hatte sich die Wattwanderung wieder in Bewegung gesetzt. Durch die Vollbremsungen war der Kuchen durch den Wagen geflogen. Inken versuchte nun, zu retten, was zu retten war. Saugend, schlürfend und schmatzend saß sie auf der Rückbank und war mit sich und der Welt wieder im Reinen. Beneidenswert!

Ich fuhr sofort zum Bahnhof und ließ den Besuch in der Musikschule aus. Meinen Nerven zuliebe. Doch es sollte noch viel besser kommen…

11 Zwölf Euro achtzig

In den folgenden beiden Wochen wuchs die Zahl der Kunden beständig. Daher suchte ich fleißig nach neuen Lehrern und wurde schnell fündig: Loom S., der Bassmann. Rollo, der Schlagzeuglehrer. Berni, der Querflötenlehrer. Ulla und Elena, die Früherziehungslehrerinnen.

Das Musikschulpanoptikum (MSP) umfasste nun etwa fünfzehn Lehrerinnen und Lehrer, die alle rund zwei Schüler hatten. Ich hatte ihnen versprochen, dass sich die Zahl schon bald verdoppeln oder verdreifachen würde. Eine Zeit, in der ich häufiger als sonst betete.

Bislang verjuckelte jeder Lehrer das, was er verdiente, für Sprit- oder Bahnkosten. Zumindest theoretisch, da der Unterricht offiziell erst in der nächsten Woche beginnen sollte.

Ein besonderer Glücksfall im MSP war Sandy, die Gesangslehrerin. Ich war im Internet auf sie aufmerksam geworden: Erstklassige Referenzen wie den deutschen Bundespreis für Gesang, Teilnahme an Mozartfestspielen und Sängerin bei zahlreichen Musicalproduktionen. Sie bildete für eine große Produktionsfirma Musical-Darsteller aus und war ganz dick im Geschäft. Auch äußerlich war sie der Hammer: Blond, groß, wohlproportioniert. Typ Barbiegirl. Jedes Gramm da, wo es hingehört. Wenn ich DIE auf ein Plakat machen würde, hätte ich sicher schon die Schule voll, ohne über ihre musikalischen Referenzen irgendetwas zu sagen. Sogar, wenn ich nur einen Teil von ihr auf ein Plakat machen würde…

Wahrscheinlich interessierte es zumindest in der Männerwelt keinen, WAS sie unterrichtete. Hauptsache

DASS man sie einmal die Woche fünfundvierzig Minuten für sich hatte. Und so war es auch.

„Ich komm aber net für nur zwei oder drei Schüler!", hatte sie noch vor ein paar Tagen am Telefon gezickt. Diva halt, musste Mann Verständnis für haben. Um sie zu halten, gab ich mich großkotzig:

„Neenee, Sandy, wir haben jetzt schon einen kompletten Tag voll!"

Gut, dass sie am Telefon nicht meinen roten Kopf sah.

„Super, des sin ja dann 14 Schüler!"

Ich schluckte und nickte stumm. Zwei hatte ich ja schon, aber woher zwölf weitere nehmen? Ich befürchtete, in den nächsten Minuten einen Schlaganfall zu bekommen, da mein Puls wieder auf dreihundert ging. Aber er blieb aus. Stattdessen lachte ich vor Verlegenheit wie eine tollwütige Hyäne.

„Hasch ein fürchterbar Lach!"

„Und Du ein so wunderbar dialektfreies Deutsch!", motzte ich zurück. Ich biss mir auf die Lippe.

„Wie meins des jetzt?"

„Kollegial, Sandy. Ich freu mich so sehr, dass du dabei bist. Meine Gedanken sind einfach ein wenig durcheinander!", besänftigte ich.

„Ich freu mich auch. Is mal was anderes!"

„Gutes Stichwort. Sollten wir die Details nicht bei einem kleinen Mittagessen beim Türken besprechen?"

Sie fand die Idee klasse. Das war vor zwei Tagen und heute unser Treffen.

Ich wollte die arg gebeutelte Unternehmerkasse schonen und daher mit ihr bei Mehmet Döner essen. Ok, man sagt Mehmet gute Kontakte zur Türkenmafia nach. Aber nur, weil er bei einem Durchschnittsverkauf von zehn Dönern am Tag einen Mercedes SLK und einen Jaguar fahren konnte, sollte man ihm nicht gleich etwas Kriminelles nachsagen – auch in der Eifel konnte man von jetzt auf gleich vom Erdboden verschwinden, wenn Mehmet es wollte. Zumindest sagte man ihm das nach. Ich habe deswegen nie gefragt, was in seinem Döner ist. Hauptsache viel, knusprig und heiß.

Sandy war schon da. Mehmet und sein Bruder Habib schwänzelten um sie herum wie Motten um eine Glühbirne. Solch ein Prachtweib war selbst in Mehmets Dönerbude eine Seltenheit, obwohl er immer eine stattliche Zahl hübscher Mädels um sich scharte.
Ich betrat den Laden.
Mehmet schoss sogleich mit seinem langen Dönermesser auf mich zu.
„Suchst du Ärger?"
Ein bisschen aggressiver als die anderen Leute war Mehmet ja immer, aber warum er mich so böse anmachte, war mir unerklärlich. Ihm musste irgendeine Laus über die Zwiebelleber gelaufen sein.
Da ich mir nichts vorzuwerfen hatte, sah ich mich zu einem Witzchen genötigt.
„Erstmal suche ich das Mädel, mit dem ich hier verabredet bin – dann sehen wir weiter", sprach ich und ließ ihn kommentarlos in der Ecke stehen. Ich konnte richtig mutig sein, wenn ich wollte – und wenn hübsche Mädels zusahen.
Mehmet, geschockt über die Missachtung seiner Person, noch dazu in seinem eigenen Laden, verharrte einen Moment, als sei ihm seine Designer-Jeans gerissen. Gut möglich, hauteng, wie er sie gerne trug.

Sein Bruder stürmte wie ein wild gewordener Gockel auf mich zu.

„Was willsu?"

Er reckte den Kopf in den Nacken und schob mir sein Kinn entgegen und rollte mit den Augen, als wolle er mit ihnen auf die Unterseite seines Kinnes gucken.

„Döner, Habib, Döner", sagte ich cool und setzte mich zu Sandy an den Tisch.

„Und du, Sandy?"

Sie konnte nicht antworten, wie sie sich vor Lachen über den Tisch beugte, was der Stimmung von Mehmet und Habib nicht unbedingt förderlich war. Sie wischte sich Lachtränen aus den Augen.

„Döner?"

Sie nickte gackernd, während ich Platz nahm.

„Danke, mein Retter!"

„Wieso Retter? Haben sie Dich angemacht?"

Irgendwie hatte ich schon eine komische Vorahnung, warum die beiden so aggressiv waren und war gespannt, was sie mir erzählen würde.

„Die beiden Komiker haben gefragt, ob ich mit ihnen mal kurz im Warenlager verschwinden würde!"

„Was hast du gesagt?"

„Ich habe gefragt, ob ich das böse Wort mit `F´ auf der Stirn stehen habe."

„Waas? Und dann?"

„Hat der Große ja gesagt"

„Und dann?"

„Hab ich gefragt, ob sie sich schon mal im Spiegel angesehen haben. Außerdem gehört das Frittenfett in die Friteuse und nicht in die Haare, hab ich gesagt."

Mir lief das Blut aus sämtlichen Gliedern im Magen zusammen.

„Oh Gott, und dann?"

„Hab ich gesagt, dass mein Freund gleich kommt und ihnen eins auf den fettgetränkten Döner haut, wenn sie mich nicht in Ruhe lassen."

Ich wurde fast ohnmächtig. Das erklärte Mehmets Stimmung, der zwischenzeitlich sein Dönermesser wetzte und finster zu mir blickte.

Es wäre gar nicht nötig gewesen, da er allein mit seinem stechenden Blick den Döner hätte schneiden können.

Ich hatte einen Klos im Hals.

Das war's. Ich war so gut wie tot. Da konnte ich ruhig meine Henkersmahlzeit aufessen.

Ade, Du schöne Welt, warst ein netter Kerl!

Mehmet würdigte uns während des gesamten Aufenthalts keines weiteren Blickes. Wenigstens konnte man sich so ungestört unterhalten.

Habib war die ganze Zeit weg. Wahrscheinlich rührte er gerade die Zementmasse für meine Betonschuhe an, dachte ich. Für mein kühles Grab in der Mosel Wied.

Sandy und ich besprachen die geschäftlichen Details. Ich achtete trotz aller Sympathie auf einen geschäftlichen Ton, um Mehmet zu zeigen, dass es NICHT meine Freundin war und ihn nicht noch mehr in seiner Ehre zu kränken.

Ich hatte lange gezögert, aber irgendwann kam er doch: Der Zeitpunkt, dass ich zahlen musste. Jetzt konnte er mich nicht länger ignorieren. Jetzt hieß es noch mal kurz die Zähne zusammenbeißen.

Ich erhob mich und ging sicheren Schrittes zum Tresen. Mehmet starrte beharrlich nach unten. Ob er gerade Maß für die Betonschuhe nahm?

„Ich möchte bitte zahlen, Mehmet!", säuselte ich.

Er schaute weiter gleichgültig zum Boden und zeigte wortlos auf die Preistafel über sich.

Mal sehen, zwei mal drei Euro sechzig, macht sieben Euro zwanzig. Mist! Nur ein Zwanziger im Portemonnaie. Ich hätte es lieber passend gehabt, war aber gleichzeitig gespannt, wie er wechseln wollte, ohne mich zu beachten. Einige Sekunden später wusste ich es...

Ohne Aufzusehen packte er den Zwanziger, stopfte ihn in seine Schürze und blieb stehen.

Scheiße! Was jetzt? Egal, Hauptsache gesund und vor allem lebend raus hier.

„Is ok, stimmt so, Mehmet", säuselte ich leise, in der Hoffnung, dass es Sandy nicht gehört hatte und ich damit mein junges Leben freikaufen konnte.

Verächtlich hob Mehmet seinen Blick. Langsam blickte er nach oben, während seine Mundwinkel sich alle Mühe gaben, den Kopf wieder nach unten zu ziehen.

Dann erreichten seine Augen die meinen. Ich erstarrte zu Eis.

„Wir sind noch nicht quitt!" knarzte er und durchbohrte mich mit seinen schwarzen Augen.

Mein junges Leben, einfach so fortgeworfen in einer Eifler Dönerbude, von einer Sekunde zur anderen zu lauwarmem Gammelfleisch ...

Er griff in seine Schürze.

„Mehr hab ich nicht dabei, Mehmet, aber ich kann..."

Seine Hand knallte auf den Tisch.

Wahrscheinlich Zyankalikapseln. Er hatte bestimmt keinen Zement mehr oder wollte sich nicht selbst die Finger dreckig machen. Es sollte wohl wie Suizid aussehen...

„Zwölf Euro achtzig zurück!"

Er schob die Hand wortlos zu mir rüber, ließ das Kleingeld liegen und grinste frech.

„Ich weiß gar nicht, was DIE Frau an so einem Softi wie dir findet!"
Ich grinste.
„Das hättest du jetzt mal zu mir sagen sollen", sagte ich und lachte erleichtert bis hysterisch.
„Dummschwätzer"
Ein Türke, der das Wort „Dumschwätzer" kannte, war nicht alltäglich. Frau Müller musste ein Dönerfaible haben – obwohl sie nicht ganz in sein Beuteschema passte. Vielleicht war es auch einfach die Gemeinsamkeit mit Mehmets Ware: Beide waren gut abgehangen…

Überglücklich darüber, doch noch ein wenig weiterzuleben, verließen wir den Dönerladen und besichtigten Sandy's neuen Arbeitsplatz.

Den Rest des Tages versuchte ich, mir zu erklären, wie Mehmet es geschafft hatte, zwölf Euro achtzig ohne Hinzusehen in Bruchteilen von Sekunden auf den Cent genau aus seiner Tasche auf den Tisch zu legen.
Es blieb beim Versuch.

12 Zornröschen

Neuer Tag, neues Glück. Frau Przkows zweite Klavierstunde, diesmal in den neuen Räumen.

„Schöööööön, schööööööööön!"

Wie auf Wolken schritt sie durch die Musikschule, den Blick verzückt nach links, nach rechts, nach oben. Wie Alice im Wunderland, die zu viele Haschkekse konsumiert hatte. Ich ließ sie gewähren, schließlich ging die Tanzeinlage von ihrer Unterrichtszeit ab.

Als sie sich gefangen hatte, führte ich sie zum Klavier – in einer feierlichen Prozession, eigentlich hätte nur noch der Hochzeitsmarsch gefehlt.

„Ein traumhaft schönes Instrument! Und so groß!"

„Ja, ein Mordsinstrument, es heißt Thommy", rutschte es mir raus, weil ich bei diesen Worten den fidelen Thommy vor Augen hatte.

„Es hat einen Namen?"

„Logo! Alle Instrumente hier haben einen Namen!", versuchte ich, mich aus der peinlichen Lage zu manövrieren. Im Lügen war ich neuerdings ja ganz gut.

„Und das Saxophon da?"

„Äh, Manfred!"

„Die Geige?"

Ich wollte wegen des Wortwitzes „Arsch" sagen, besann mich aber auf „A..rne"

„Die Posaune?"

„Tuti!" Was für ein dämlicher Name, aber auf die Schnelle fiel mir nichts Intelligenteres ein.

„Tuti?"

Sie wurde kreidebleich. Sie ließ ihre Klaviernoten scheppernd zur Erde fallen. Dann schossen ihre Klodeckelgroßen Hände unvermittelt vor ihren Mund, verharr-

ten, um kurz danach die schon bekannte Schraubstock-
haltung an meinem Hemdkragen anzunehmen und ihre
Nase zwei Millimeter vor der meinen zu halten. Sie
blickte mich wieder an mit einer Nachdrücklichkeit, die
mich fast ohnmächtig werden ließ. Was hatte ich denn
gemacht?
„Wissen sie, wer TUTI war?"
Prüfend und fast vorwurfsvoll sah sie mich an. Ihre
Mundwinkel zogen sich senkrecht nach unten und ihre
buschigen Augenbrauen zu einem Punkt zusammen.
Ich schüttelte hektisch den Kopf, zumindest versuchte
ich es, soweit es ihr Klammergriff zuließ.
„Mein erster Hamster! Ein tragischer Fall…"

Nach einer kurzen Pause lächelte sie schlagartig wieder
ihrem imaginären Gegenüber zu. Die Mundwinkel scho-
ben sich nach oben und die Augenbrauen beschrieben
wieder eine horizontale Linie und erinnerten erneut an
einen Kehrbesen.
„Was war mit ihm?", fragte ich neugierig in der Hof-
fung, Details aus ihrem wirren Leben zu erfahren, die
mich davor schützen konnten, zukünftig wieder unbe-
wusst einen Ausraster zu provozieren.
„Er war böse! Gaaaaanz böse!"
Sie steigerte sich in eine Rage.
„Böse! Böse! Böse…"
Jedes „Böse" wurde 5 Dezibel lauter. Ihre Hände, die in
meinem Kragen vergraben waren, kneteten einen imaginären Hamster. Der Hemdkragen und damit meine Luft
wurden immer knapper.
Aus Angst, von ihr mit Tuti verwechselt und durch den
Fleischwolf gedreht zu werden, oder was sie immer mit

dem armen Tier gemacht hatte, nahm ich autoritär das Ruder in die Hand.

„So, jetzt aber mal Schluss mit den Faxen und zurück zu unserem Klassiker, der C-Dur-Tonleiter. Sonst ist die ganze Stunde mit kurzweiligem Geplauder vergeudet!"

Meine gespielte Sicherheit, die schon bei Mehmet funktioniert hatte, funktionierte auch hier.

Sie warf mich in den Stuhl zurück und sagte bloß leise: „Is gut!"

Unfassbar! Sie hob ihre Hände auf die Tastatur, wobei sie weiter mein Gesicht mit den Augen fixierte. Dann drehte sie den Kopf nach vorne, schloss die Augen, holte tief Luft und griff in die Tasten.

Die Tonleiter hatte sie geübt – alle Achtung. Heute stand ein leichtes Übungsstück auf dem Probenplan. Natürlich nichts besonderes. Für sie war es natürlich ein „Klassiker unter den Etüden" – um ihre Motivation und meine weitere Gesundheit zu gewährleisten.

Vom reinen Bewegungsablauf her gesehen spielte sie sehr gut. Doch verstand sie Klavierspielen wohl eher als handwerkliche Tätigkeit.

Sie spulte die eingeübten Bewegungsabläufe wie ein programmierter Roboter ab. Ihren Stücken fehlte jegliches Leben. Es war die Reproduktion von Geschriebenem aber bei weitem keine Musik. Aufgrund meiner umfangreichen pädagogischen Erfahrungen beschloss ich, ihr auf die Sprünge zu helfen.

„Versuchen sie doch mal, die Melodie zu singen", riet ich ihr wohl gemeint und hatte damit versehentlich genau den roten Knopf „Totalausraster" getroffen, den ich bislang glücklicherweise immer nur knapp verfehlt hatte.

Mit dem linken Arm packte sie mich am Revers und zog mich mit Bärenkräften zu sich. In einem Stadium zwischen Hocken und Sitzen hing ich wie ein angeschlagener Boxer oder ein besoffener Melker auf dem Klavierschemel und wartete auf das Geräusch brechender Knochen. Es blieb aus.

Ich dachte eigentlich, schon alle Facetten ihres Gesichtes zu kennen. Doch nun kam eine weitere dazu: Ihr Gesicht bekam Züge einer verzerrten Fratze. Sie sprach dabei ganz leise – völlig ungewohnt.

„Ich hatte mal eine seeehr, seeehr schöne Stimme! Ich wollte sogar Opernsängerin werden", fistelte sie.

„DANN", schrie sie plötzlich und ihre Augen waren in einer Millisekunde so nah vor den meinen, dass mich ihre Barthaare an der Nase kitzelten, „bekam ich eine Psychoooose…"

Während sie das „o" unnatürlich in die Länge zog, schien sie auszuprobieren, wie weit sich ihr Kopf im Halsgelenk bewegen ließ. Gleichzeitig hatten ihre Augäpfel anscheinend die Gefahr erkannt, dass sie gleich explodieren würde, und versuchten, den kranken Kopf auf dem direkten Wege zu verlassen. Sie zerrten in alle Richtungen, aber sie mussten, da sie angewachsen waren, im wirren Körper verbleiben. Alles in allem ein gewaltiges Naturschauspiel. Und ich mittendrin.

Sie stieß mich zurück. Ich wähnte mich schon in Sicherheit, doch zu früh.

„DANN", kreischte sie, „bekam ich…"

„Den Hamster?"

„NEIN! Medikamente!"

Mit weit aufgerissenen Augen kreischte sie fast hysterisch. Ich war mir sicher, dass sie ihre Medikamente zumindest heute vergessen hatte.

„Diese Medikamente", keuchte sie, während sie mich mühelos weiter zu sich nach oben zog und ich langsam den Bodenkontakt verlor, „zerstörten meine schöne Stimme!"

Von den anderen Nebenwirkungen ganz zu schweigen, dachte ich. Wahrscheinlich war sie vorher schön wie Dornröschen.

„Schlimm!", sagte ich, um sie zu besänftigen und weitere Wutanfälle zu vermeiden.

„Schlimm?", schrie sie.

„Schlimm! Eine Katastrophe war das! Eine Tragödie!"

„Wem sagen sie das!"

„Ich wollte Musicalstar werden!", sie blickte verträumt zur Decke.

Jeckyl und Hyde und die Schöne und das Biest suchten immer wieder Talente. Und bei ihr konnte man sogar den teuren Maskenbildner sparen.

„Tja, wie die Zeit vergeht", versuchte ich das Thema wieder einmal zu wechseln.

„Wenn sie mich wieder auf die Erde stellen, sage ich ihnen ihre Aufgabe für die nächste Woche", bettelte ich.

Sie schaute mich an, drehte den Kopf fragend hin und her wie King Kong der die zarte Frau in Händen hält, verharrte kurz, stellte mich wieder behutsam auf die Erde und sagte leise:

„Is gut!"

Mannmannmann....

Ich gab ihr die Hausaufgabe und empfahl ihr, bei Gelegenheit bei Mehmet einen Döner zu essen. Dabei sollte sie ihm einen Brief von mir mitnehmen. Sie biss an. Schnell nahm ich Stift und Zettel zur Hand und schrieb:

Hallo Mehmet, noch mal sorry wegen der Geschichte in Deinem Laden. Die Überbringerin dieses Briefes ist Sandys Schwester. Sie ist zwar im Keller aufgewachsen, aber hat verborgene Talente. Sie sieht zwar nicht so aus wie ihre Schwester, hat aber eine traumhafte Stimme. Frag sie doch mal, ob sie dir was vorsingt. Vielleicht tanzt sie sogar. Liebe Grüße, Olli

Ich war ein schlechter Mensch! Aber hatte mit ein bisschen Glück demnächst ein Problem weniger – je nachdem, wer von beiden gewinnen würde.

13 Tastentuba

Die ersten Monate in der „Musikschule Olli Schütz" vergingen wie im Flug. Wir hatten in den vergangenen Monaten rund zweihundert neue Musikschüler gewonnen. Alle Lehrer hatten in der Zwischenzeit ausreichend Schüler, alle waren zufrieden. Auch Sandy hatte von Anfang an ihre 14 Schüler, da ich ein Ganzkörperfoto von ihr aus dem Internet im Schaufenster ausgestellt hatte.

Noch innerhalb der ersten Woche war ihr Unterrichtstag ausgebucht und wir befüllten bereits fleißig den zweiten. Mehmet hatte zu einem großen Teil zur Werbung beigetragen, da er Sandy mit der Handycam vom Werbeplakat abfotografiert und wohl im gesamten Landkreis herum geschickt hatte.
Mittlerweile fraß er mir brav aus der Hand. Ich war derjenige, der den Schlüssel zur Glückseligkeit für ihn hatte: Eine Probestunde bei Sandy, wo sie ihm 45 Minuten ausgeliefert war. Das wollte ich ihr aber nicht antun. Noch nicht.

Ein großes Stadtereignis stand an: Das Oktoberfest. Die meisten Straßen der Innenstadt wurden für den Autoverkehr gesperrt und die halbe Eifel flanierte unter anderem auch an unserer Musikschule vorbei.
Das war DIE Gelegenheit, mit Musik auf unsere Schule aufmerksam zu machen. Mit einem vernünftigen Vorlauf wäre es kein Problem gewesen, eine ordentliche Performance zu planen. Aber irgendwie war es mir durch die Lappen gegangen und ich entschied mittwochs, dass wir

sonntags eine Darbietung der Sonderklasse auf die Beine stellen mussten. Sicher kein Problem, da ich von meinen Lehrern Flexibilität erwartete. Falsch gedacht.

Lediglich Berni, unser Flötenlehrer, der mittlerweile auch Gitarre unterrichtete, und William Campbell, unser schottischer Tubalehrer, hatten Zeit. Alle anderen waren „verhindert". Ich würde mir es merken…

Berni hatte eine Mordsidee. Er war bei einer Beschallungsfirma beschäftigt und hatte den Schlüssel zum Materialkeller und damit Zugriff auf tausende Watt Musik – zum Nulltarif.

„Junge, ich baue Dir eine überdachte Profibühne auf, die die Stadt noch nicht gesehen hat. Diese Festivalbühne bekommt Licht ohne Ende und Schalldruck wie bei Rock am Ring! Das sollte für den Tag reichen."

Rock am Ring? Wollte er die Umgebung in Schutt und Asche legen? Und wer sollte auf der Bühne stehen? Berni mit der Querflöte?

„Super, Berni, aber was kostet mich das?"

„Ein Abendessen mit Sandy"

„Geht klar!"

Ich kam mir zwar vor wie ein Menschenhändler, aber die Sache rechtfertigte mein Vorgehen. Irgendwie würde ich es ihr schon erklären, abgesehen davon war Flöten-Berni bei weitem nicht so ein Psychopath wie Pomaden-Mehmet.

„Eins bleibt noch zu klären", bemerkte Berni.

„Wo stellen wir das gigantische Dieselaggregat hin? Ich traue der Stromversorgung hier nicht, ich will unabhängig sein."

„Mehmet hat noch nie was beim Oktoberfest gemacht. Und da bei ihm eh nie einer was kauft, stellen wir es einfach vor seinen Laden."

Berni nickte.

Bühne hin oder her. Ohne Darsteller bringt die beste Bühnentechnik nichts.

„Berni, wer soll deiner Meinung nach auf der Bühne stehen?", fragte ich neugierig.

Berni überlegte angestrengt. Man sah es, da die Schlagadern in seinen Schläfen heftig zu pulsieren begannen. Plötzlich entspannte sich sein Gesichtsausdruck:

„Mein Bruder spielt in einer Rockband. Die verkaufen wir einfach als unsere Schülerband!"

„Berni, sind die auch gut genug dafür? Antiwerbung kann ich nicht brauchen!", merkte ich kritisch an.

Berni blickte beleidigt zu mir herüber.

„Junge, ICH habe sie Dir empfohlen, die sind erste Sahne. Abgesehen davon zaubere ich einen Sound, der Dir die Schädeldecke zum Abheben bringt!"

In Gedanken stellte ich mir die Oktoberfestbesucher vor, die vor unserer Musikschule durch Bernis Anlage eine neue Frisur bekamen und Frau Müller, deren Haus durch die Schallwelle abgedeckt wurde. Mehrere Male hatte sie mir bereits erzählt, dass ihr Haus als einziges im zweiten Weltkrieg den Bombardements der Alliierten standgehalten hatte. Doch war das ein Klacks gegen Bernis Schallattacke! Ich war gespannt, ob das alte Gemäuer auch diesen Angriff abwehren würde.

Berni hatte bereits die Nummer seines Bruders mit dem Handy gewählt und binnen weniger Sekunden eine Zusage erhalten. Es gab nun kein zurück mehr.

Parallel telefonierte ich mit einer Blaskapelle aus der Nähe, die immer froh über einen Auftritt war, solange das Bier stimmte. Sie sollte für die „klassische" Oktoberfestkomponente sorgen und konnte einen möglichen Totalausfall der „Schülerband" wieder auffangen.

Auch sie sagten vorbehaltlich zu, da zwei der drei Tubisten verhindert waren. Ich konnte sie überzeugen, dass für das Eifler Fachpublikum eine Tuba reichte. Der Sonntag konnte kommen.

Und er kam. Als erstes schob sich ein LKW laut hupend durch die abgesperrte Straße vor der Musikschule. Einige Händler mussten schimpfend ihre Stände auf Seite schieben, andere schauten sich das Schauspiel staunend und mit offenem Mund an. Auch ich hatte selten einen so großen LKW gesehen.
Im Führerhaus erkannte ich Berni, der den Koloss millimetergenau vor die Musikschule navigierte. Er und drei Helfer stiegen aus.
„Gute Arbeit, Berni, aber bei dem Anhänger erwartest Du sicher das London Philharmonic Orchestra und nicht eine Schülerband und eine Blaskapelle, oder?"
„Das Aggregat kommt gleich auch noch", rief er mit schweißnasser Stirn aus dem Führerhaus zu.
„Aber vor der Dönerbude stehen Tische und ein Typ mit Gelhaaren steht davor und guckt ziemlich sauer!"
Berni öffnete die Ladeklappe und auch meine senkte sich zum Boden. Mehmet hatte noch nie beim Oktoberfest…
Wieder lautes Hupen und lautes Schimpfen.
„Das Aggregat", rief Berni freudestrahlend.
Das Aggregat hing an einem Unimog, der sich seinen Weg durch die Händler bahnte. Eben hatten sie wieder mit dem Aufbau begonnen und zeigten nun laut gestikulierend, dass ihre Geduld am Ende war. Es hatte die Größe eines Kleinbusses.
Auf der Höhe von Mehmets Dönerbude stoppte der Tross. Der Fahrer diskutierte sehr lautstark mit Mehmet

und deutete auf unsere Musikschule. Mehmet blickte zu uns herüber und entdeckte mich.

Ich winkte freundlich zurück und schob Berni schnell ins Führerhaus.

Bernis Handy klingelte. Es war sein Kollege im Unimog. Man konnte ihn nur relativ schlecht verstehen, weil Mehmet im Hintergrund wie ein Wahnsinniger brüllte.

„Er soll sagen, Mehmet kriegt seine Probestunde", rief ich Berni geistesgegenwärtig zu, um zum einen die Performance und zum anderen Bernis Kumpel zu retten.

„Er hat aufgelegt", sagte Berni leise.

Wir beugten uns aus der Seitentür und schauten nach hinten. Bernis Kumpel lebte noch. Er machte sich sogar daran, das Aggregat aufzubauen, während Mehmet seine Stühle wegräumte. Sandy würde sicher Verständnis dafür haben...

Der Aufbau unserer Bühne dauerte länger. Der komplette Truck wurde aufgeklappt und bildete eine gigantische Bühne mit einer fünf Meter hohen Lichtkonstruktion und Boxentürmen, die meine Nachbarn in Schatten und Schrecken versetzten.

Gegen dreizehn Uhr begann der Soundcheck. Einige Mittdreißiger mit Instrumenten lümmelten auf der Bühne herum und tranken Dosenbier.

„Du kannst den Eltern der Schülerband sagen, dass ihre Kinder Soundcheck machen können", bat ich Berni, der mich verständnislos ansah.

„Wie jetzt, Eltern?"

Mir wurde schlecht.

„Du willst mir doch wohl nicht sagen, dass diese Truppe von alkoholisierten und gealterten Hilfs-Pornodarstellern unsere Schülerband ist, oder?"

Berni nickte. Ich musste mich setzen, während Berni die Sache in die Hand nahm und sich um den Soundcheck kümmerte.

Ich ging zur Küche, um mir einen Kaffee zu kochen. Doch auch vor der Küche hatte das Chaos keinen Halt gemacht:

Am Küchentisch saß eine wildfremde Frau, die ein Baby stillte, vor dem Kühlschrank ein älterer Mann im Schottenrock, in der Ecke ein Hütehund, der stank, als hätte er in Schafsurin gebadet und unser Tubalehrer aus Schottland.

„This is my family", sagte William stolz.

"Mein Vater ist extra aus Scotland angereist, um den Stammhalter zu sehen. Er war beim letzten Mal dienstlich in Deutschland, ist aber schon sechzig Jahre her. Das daneben ist Hilde, my wife from Cologne."

„Ich würde ihr ja gerne die Hand geben, aber sie gibt ja grade die Brust", kicherte ich.

Die Küchentür öffnete sich. Volker, der Tubist der Blaskapelle schaute rein.

„Tach Chef, wohin mit der Tuba? Hier in die Toilette?"

„Das ist die Küche, Idiot!"

„Dann will ich nicht wissen, wie es in eurem Klo riecht", ulkte Volker.

„Du spielst Tuba?"

William nahm ihm das Instrument einfach aus der Hand.

„Gestatten: William Campbell, Diplomtubist aus Scotland. Schönes Instrument."

Er stockte kurz.

„Allerdings…"

Er blickte sorgenvoll. Volker nun auch.

„Was ist mit meiner Tuba? Die geht wie ein Lottchen, oder?"

„Die könnte viel besser gehen. Die Maschine klemmt. Aber ich kann sie Dir flinker machen, wenn Du willst. Geht ganz schnell."

„Ich war bislang sehr zufrieden damit!", motzte Volker.

„Wenn ich fertig bin, spielt das Ding fast von alleine", prophezeite William und grinste unter verwegenem Augenzwinkern und Ellenbogenknuffen.

Volker willigte widerwillig ein und William verschwand mit dem guten Stück im Nebenzimmer.

Kurz darauf gab es einen Schlag, dass die Lampe fast von der Decke kam. Volker wurde leichenblass in Angst um seine Tuba und auch Opa Campbell zuckte zusammen.

Ich legte meine Hand beruhigend auf seine Schulter.

„Soundcheck! Deine Tuba ist o.k.!"

„Base-Drum! Das Schlagzeug wird gecheckt!" ergänzte ich beruhigend.

Wenn das die Base war, sollten wir, bevor der Rest des Schlagzeugs gecheckt wird, noch schnell die Lampen festbinden und die Schränke fest dübeln, schoss es mir durch den Kopf.

Als nächstes wurde die Snare-Drum über die Anlage geschickt. Der Schlagzeuger ballerte wie ein Wahnsinniger auf der armen Trommel herum. Opa Campbell hatte einen Satz hinter den Kühlschrank gemacht. Der Kriegsveteran fühlte sich wohl an feindliches Trommelfeuer erinnert.

Auf schottisch versuchte er, Stammhalter, Hund und Schwiegertochter aus der Schusslinie zu locken und hinter den Kühlschrank zu dirigieren.

Es krachte, nur leiser.

„Noch eine Trommel?", fragte Volker.

„Nee, ich glaube, das war Deine Tuba, Volker", sagte ich mit theatralischem Blick, während ich ihm die Hand auf die Schulter legte.

„Das kam aus dem Nebenzimmer!"

Die Küchentür ging auf, William stand schneeweiß mit einem Stück von Volkers Tubamechanik in der Hand da.

„Whats up? Ich hab mich tierisch erschreckt. Dabei ist mir die Tuba aus der Hand…"

Mehr konnte ich nicht verstehen, weil Volker ihm die Mechanik aus der Hand riss und laut lamentierend aus der Küche rannte, während Opa Campbell mit Geschrei William auf die Gefahr für seine Familie hinweisen wollte.

„Super, William", rief ich.

„Dank Deines Tunings hat die Blaskapelle jetzt gar keine Tuba mehr."

Im Nachbarzimmer hörte ich Volker leise wimmern. Seine Geliebte war von Tuba-Willi zerstückelt und ruiniert worden.

Auch ich kam in Rage und redete immer lauter, was auch nötig war, da Berni die Gitarren checkte.

Erst war es ein Brummen, das durch und durch ging und das Küchengeschirr zum Vibrieren brachte.

„Tanks! German tanks!", schrie Großvater außer Sinnen, da er anfahrende Panzer vermutete. William redete beruhigend auf Opa ein, Volker brüllte William an, der Hund bellte wie ein Irrer und stank und Hilde - stillte. Doch unter still musste man sich was anderes vorstellen.

„Spiel mal nen Akkord!" dröhnte Bernis Stimme durch die Stadt die umliegenden Dörfer.

Der Gitarrist tat, wie Berni befahl. Gitarrenlärm jenseits der Schmerzgrenze – und das IM Haus, wie sollte es draußen sein. Sicher lagen hunderte Opfer mit blutenden Ohren vor der Musikschule. Bestimmt waren nicht nur die Trommelfelle der Passanten, sondern auch sämtliche Schaufenster gerissen.

Ich rief Berni auf dem Handy an.

„Fetter Sound, Olli, was?"

„Du Idiot! Mach das sofort leiser, was sollen denn die Leute sagen!", fuhr ich ihn an.

„Welche Leute, hier ist keiner mehr…", entgegnete Berni.

„Mach das leiser. SOFORT!"

Schlagartig legte sich der Lärmpegel.

„Olli?"

William tippte mich an.

„Ich glaube, ich habe eine Lösung für die Tuba! ICH spiele die Tuba!"

„Ich denke, sie ist kaputt!!!?"

„Ich spiele sie mit dem Keyboard!"

William strahlte und war stolz auf seine rettende Idee.

Warum eigentlich nicht? Die Keyboards klingen heutzutage immer realistischer und außerdem hatten wir keine andere Wahl.

„Ok, wir setzen Volker mit der kaputten Tuba auf die Bühne, und er tut so, als ob er spielt!"

„Und ich mache das Playback!", rief William begeistert in die Runde und wartete wohl auf anerkennende Blicke, die ausblieben. Aber auf einen Versuch kam es an.

Gegen vierzehn Uhr war es soweit: Die Straße hatte sich gut mit Menschen gefüllt. Ich sagte die „Schülerband" an.

Die Jungs waren besser, als sie aussahen. Sie spielten einen Querschnitt durch dreißig Jahre Musikgeschichte. Sauberer Rock.

In der ersten Reihe headbangten ein paar Althippis und tanzten Pogo. An erster Stelle William, der sich gar nicht mehr einkriegte und sich den verschwitzten Oberkörper freilegte. Das Volk war irritiert, ich auch – daher schaute ich zu Berni und deutete mit dem Kopf auf den halbnackten Schotten. Berni wiederum deutete dies „miss" und drehte die Anlage noch mal richtig auf.

Bis auf vier Gestalten und William vor der Bühne war die Straße plötzlich menschenleer. Der Sänger, der abgewrackteste dieses Suchtkabinetts, war wohl durch das Fangrüppchen und die plötzliche Musikdröhnung so euphorisiert, dass er Stagediven wollte. Erfolgreich von der Bühne auf die Hände des gewogenen Publikums zu springen, setzt dieses voraus. Auch, dass es bereit ist, aufzufangen.

Der Sänger ging fehl in seiner Annahme und anschließend direkt in ärztliche Behandlung.

Wiliam checkte die Lage und sprang, als das Flohkissen in der Luft war, zur Seite. Die andern vier waren davon so irritiert, dass sie dem Aufprall des Hobbyrockers außer ihren Knochen nichts entgegenzusetzen hatten.

„Er hätte vor dem Sprung die Gitarre ausziehen sollen", bemerkte William trocken, während Sanitäter den Verletzten zu Hilfe eilten und sie in der Küche versorgten.

Opa versuchte, die Leitung des Lazarettes zu übernehmen, wurde aber medizinisch durch eine seltsame Substanz still gestellt.

Wir beschlossen, eine halbstündige Pause zu machen und den Leuten Gelegenheit zu geben, wieder zur Musikschule zu strömen. Außerdem musste die Blaskapelle in Ruhe aufbauen – einschließlich des Schotten mit der Tastentuba. Dieser saß in der hinteren Ecke der Bühne, Volker mit den Resten seiner Tuba direkt davor.

Er hatte zwischenzeitlich seinen Frust im Bierpavillion gegenüber heruntergespült und harrte, tief entspannt auf seinem Klappstuhl vor William sitzend, der Dinge, die da noch kommen sollten.

Zwei Stunden präsentierte die Kapelle Blasmusik vom Feinsten. William spielte Tastentuba, Volker war eingeschlafen, saß aber still vor dem Schotten und fiel nicht weiter auf. Die Straße war brechend voll und die Leute hoch zufrieden. Die verletzten Stagediver standen mit Verbänden und Pflastern am Bierpavillion, ließen es sich auf meine Kosten gut gehen und headbangten zum „Böhmischen Traum".

Der Tag schien doch noch ein Erfolg zu werden. Abschluss war die Verlosung von einem Jahr Klavierunterricht. Irgendwie musste man ja an Adressen kommen, denen man Werbematerialien zuschicken konnte. Eine Lotterie war da genau das Richtige.

Gewinner des nicht übertragbaren Preises war der 87-jährige Kuno Hartmann.

Volltreffer! Sechshundert Adressen geschnorrt und einen Gewinner, der in dem Alter dem Preis sicher nicht annehmen würde.

Falsch gedacht: Der Greis war heiß…

14 Drusenalarm

Der Oktoberfestabbau war gelaufen und das normale Musikschulleben kehrte wieder zurück.

Ich saß im Büro und erledigte liegen gebliebenen Schreibkram, Sandy hatte im Nebenzimmer eine Probestunde: Hans Kretzer hatte seinen Besuch angesagt.

Er sah ein bisschen aus wie ein Bruder von Reinhold Messmer und war gut zwei Meter groß, hatte einen roten, buschigen Bart wie ein Wikinger und stahlblaue Augen, die in ihrer Intensität Mehmets Dönermesserblick leicht in den Schatten stellten.

Er wirkte trotz seines sympathischen Lächelns wild und urtümlich. Wie ein Wolf. Bestimmt wuchsen ihm bei Vollmond Haare und Krallen und…

„HIER kann ich nicht singen!" dröhnte es aus Sandys Zimmer durch den Flur.

Sandys Tür flog auf.

Der Werwolf musste kurz vor der Transformation stehen, denn eben noch hatte ich ihn fürchterlich jaulen gehört. Jetzt hatte er einen knallroten Kopf und Schaum vor dem Mund.

„DA", er keuchte.

„DA singe ich DEFINITIV nicht"

Es klang fast wie ein Vorwurf. Ich war völlig verwirrt.

Sandy tippelte hinter ihm her und redete beruhigend auf ihn ein.

„Ich muss das umpolen", sprach er im Vorbeigehen, raste aus der Schule und suchte wie ein Wahnsinniger in seinem Auto herum.

„Sucht er seine Medikamente?", fragte ich Sandy halb belustigt, halb besorgt.

„Hans sagt, dass das Klavier auf einer Wasserader steht", erklärte Sandy.

„Wo ist das Problem, solange sie nicht undicht ist?", fragte ich sie verständnislos.

„Es müssen wohl schlechte Schwingungen davon ausgehen, sagt Hans"

„Bislang hat es noch keinen gestört. Der spinnt doch!"

„Er will, dass das Klavier in eine andere Ecke kommt!"

„Kann er vergessen!"

„Hab ich auch gesagt. Und der Spiegel stört ihn auch!"

„Ich würde mich bei dem Anblick auch nicht mehr konzentrieren können. Das kann ich sogar nachvollziehen. Deck ihn doch ab!"

„Du Kasper! Der Spiegel verstärkt die Schwingungen!"

„Und jetzt?"

„Jetzt will er den Raum umpolen und die negative Energie in positive Energie drehen."

Die Tür flog auf und Hans schleppte keuchend einen gut dreißig Kilogramm schweren Stein in die Musikschule.

Ein Edelstein in der Form eines Ostereies, halb offen mit vielen klitzernden Kristallen im Inneren.

„Eine Druse!", klärte er uns auf und ächzte mit dem bunten Gesteinstrümmer durch das Zimmer.

Er stellte die Druse mitten im Gesangszimmer auf und schleppte zwei weitere Steine und eine Wünschelrute in Sandys Zimmer.

„Eigentlich muss das Klavier in eine andere Ecke!", schnaufte Hans, während er die Steine von einer Ecke in die andere schleppte.

„Hab ich schon gehört. Geht aber nicht, denn da ist keine Steckdose!", ulkte ich.

Sandy kicherte und Hans knurrte. Wusste ich es doch…

Werwolf!

„Kriegst du mit dem Aufbau auch Nachrichten rein? Mich würde das Wetter interessieren!", spannte ich den Bogen mutig weiter. Auch Sandy kicherte.

Uns beide traf Hans´ stechender Blick.

Ängstlich dachte ich darüber nach, ob er uns vielleicht verflucht haben könnte.

Nach und nach fand er die richtige Position für seine Drusen und zauberte kleinere Edelsteine aus der Jackentasche, die er an der Wand aufhing.

Nach rund dreißig Minuten schien er endlich zufrieden zu sein. Er drehte noch eine Runde mit der Rute und strahlte:

„JETZT kann ich hier singen!"

Klar, in den restlichen zehn Minuten, dachte ich. Aber jeder konnte seine Zeit ja verbringen, wie er wollte.

„Die Dinger nimmst du nachher aber bitte wieder mit, sonst stößt sich noch einer!", rief ich, während ich das Zimmer verließ.

„Weißt du eigentlich, wie wertvoll die sind?", fragte er fassungslos.

„Nö, Sandy meinte eben, dass sie umsonst sind", kicherte ich.

„Dich werde ich auch noch davon überzeugen", lächelte Hans und schloss die Tür. Das Gejaule setzte wieder ein. Ich jedenfalls hörte keinen Unterschied.

Ich nahm wieder im Büro Platz und mir die Monatsabrechnung der Lehrer vor. Eigentlich brauchte ich dringend eine Sekretärin, aber woher nehmen, wenn nicht stehlen?

Hans brachte seine Probestunde hinter sich und mich fast um den Verstand, weil er anschließend die ganze Musikschule mit der Wünschelrute ablief. Dabei wackelte er in festen Intervallen mit dem Kopf und gab Laute wie „ts,ts", „unglaublich", „Wasserader" oder „DA unterrichtet der!" von sich.

„Soll ich meine Vermieterin bitten, das Haus abzureißen, Hans?", fragte ich provokant und ahnte seine Antwort bereits voraus.

„Abreißen nicht, aber ich könnte dir ein paar Drusen verkaufen!"

Daher wehte der Wind. Er war kein Wolf, sondern ein Fuchs…

„Vergiss es. Der einzige, der Vorteile davon hat, ist dein Konto! Macht euren Voodookram im Gesangszimmer und verschont mich bitte damit!"

Wortlos schaffte Hans seine Drusen nach draußen und fuhr.

„Spinner", sagte ich laut.

„Sag des net", sagte Sandy.

„Nächste Woch will er mich zu Hause mit der Rute besuchen…"

„DAS glaub ich ihm. Wie leichtgläubig kann man denn sein. Dass der ein Wasserrohr verlegen möchte, ist doch logisch", sagte ich eifersüchtig.

„Eh mir Rohre aus der Wand hole, könne mir ersch mal Druse probiere!"

Sollte sie ihm doch auf den Leim gehen, sich betäuben und zerfleischen lassen und der Werwolffraktion beitreten.

Die Eingangstür öffnete sich und eine Menschengruppe betrat das Zimmer. Geruchsmäßig wäre der Begriff „Rudel" sicherlich passender gewesen.

Vater, Mutter und zwei Kinder im Alter von acht und fünf Jahren standen in der Tür.

Konnte man seiner Nase glauben, Reiniger des Raubtierhauses Köln, optisch die heiligen Drei Könige nach einem Flugzeugabsturz, sprachlich eine Katastrophe, da beide Eltern nur fünf Zähne besaßen. Zusammen. Drei davon schwarz wie ihre Fingernägel.

Sie wollten Musikunterricht. Alle Achtung. Die meisten Vertreter dieser Klientel investieren ihr Geld in die Musikbox der Trinkhalle und spielen anschließend bestenfalls auf ihrer Familie Schlagzeug.

Mein Gewissen meldete sich. Ein gutes Zeichen.

Also hatte ich doch eines, entgegen dem, was Simone sonst immer sagte…

Wir machen die Probestunde direkt vor Ort. Sandy hatte alle Türen und Fenster geöffnet, sodass der Geruch erträglich war. Ich nahm mit Melly, dem achtjährigen Stinkerchen, am Klavier Platz.

Das Kind hatte Talent, wie ich schnell feststellte. Daher vereinbarte ich mit den Eltern einen Sonderpreis, der monatlich zum Ersten bar zu entrichten war.

„Wir haben aber kein Instrument", sagte Mellys Mutter leise.

„In der ersten Zeit muss Melly halt solange auf dem Küchentisch üben und sich die Töne vorstellen!", rief sie und zeigte vor Freude ihre drei Zähne.

„Ich schaue mal, was ich machen kann", sagte ich und ging einen Schritt zurück.

„Hand drauf!"

Dies war das erste und einzige, was der Vater gesagt hatte. Ich gab ihm die Hand.

Feucht, klebrig, dreckig. Drei Dinge auf einmal – das ging nun wirklich nicht, dachte ich.

Die Familie verabschiedete sich winkend und die Musikschule lüftete zwei Stunden nach. Auch meine Hand
erfuhr eine umfassende Reinigung, nebst Klaviatur meines schönen Instruments.

Ich überlegte kurz, die Bio- und Restmülltonne aus der
Garage in die Musikschule zu holen, um Mülli-Melly in
der Garage zu unterrichten, was geruchsmäßig ein Vorteil gewesen wäre. Aber ich verwarf es schnell, weil sich
mein Gewissen wieder meldete. Langsam wurde es läs-
tig. Jetzt musste erst mal ein passendes Instrument für
das Kind her. Den passenden Namen für sie hatte ich ja
bereits: Mülli.

15 Mülli

Ich hatte mich mit Simone zum Abendessen bei Santino verabredet. Frau Schliemann im Schlepptau, machten wir uns auf den Weg. Eigentlich hatte Frau Schliemann uns im Schlepptau.

Der Kalabrier hatte eine ausgeprägte Hundephobie, die er dadurch wettzumachen versuchte, dass er alle Hunde mit Tonnen von Hunde-Leckerli zuschmiss. Das Konzept ging auf, denn Frau Schliemann zog wie ein Schlittenhund.

„Bon giorno!", rief uns Santino durch das ganze Lokal entgegen und winkte mit einer Hand, während er mit der anderen unter dem Tresen nach Leckerli suchte und wohl keine fand. Nachdem sich erst Frau Schliemanns Speicheldrüsen verselbständigt hatten, befreite sich nun der gesamte Hund. Er riss sich los und stürmte wie ein Blitz zwischen den Gästen durch das vollbesetzte Restaurant auf Santino zu.

Selbst Schuld, dachte ich und sah belustigt zu, wie der Lokalinhaber hektisch in der Küche Schutz suchte.

Frau Schliemann stoppte vor deren Tür und lauerte auf den geeigneten Moment, wenn sich die Schwingtür für eine mit Essen beladene Bedienung öffnete, um dann blitzartig in die Küche zu flitzen und Santino zu begrüßen.

Ich hatte mit Entsetzen ihr Vorhaben durchschaut und jagte nun selbst wie ein Wilder durch das Lokal an den speisenden und verständnislos blickenden Gästen vorbei.

Ich war gut drei Schritte von ihr entfernt als das Fiasko begann. Die Tür öffnete sich…

Ich versuchte das Unmögliche, nämlich den gierig sabbernden Hund durch einen gezielten Sprung zu erreichen. Es misslang. Frau Schliemann jagte durch den Türspalt. Ich dagegen rammte Santinos Bruder Angelo, der gerade noch so dem Hund ausgewichen war und warf ihn zu Boden.

Die „Macceroni gratinati", die Angelo auf dem Tablett hatte und die für Tisch fünf bestimmt waren, landeten zum Teil auf der Erde, teils auf Tisch drei und größtenteils auf dem Rücken des Gastes an Tisch vier und ließen ihn zusammen mit den Riesengarnelen, die rund um ihn verstreut lagen, so aussehen, als sei er mit dem Mageninhalt eines Möwenschwarmes gesegnet worden.

Für den Gast an Tisch vier jedenfalls war der Abend gelaufen, zumindest bei Santino. Den Rest verbrachte er im Kreiskrankenhaus, dessen Station für Brandverletzungen einen hervorragenden Ruf genießt.

Wenngleich es im Moment ein wenig unangenehm war, zweifelsohne für ihn unangenehmer als für uns, hatte dieser Zwischenfall auch seine guten Seiten: Nun war relativ zeitnah ein Tisch im völlig überbesetzten Restaurant freigeworden.

Simone stammelte irgendwas von einer Entschuldigung, aber da musste Angelo meiner Ansicht nach selber durch. Lautstark wies sie mich darauf hin, dass ICH mich entschuldigen sollte.

Das überforderte mich zunächst intellektuell. Ich versicherte ihr, mich später damit zu beschäftigen, denn meine Aufmerksamkeit war ganz von einem anderen Sachverhalt in Anspruch genommen.

Neben dem Chaos im Restaurant spielten sich in der Küche zwischenzeitlich „Jagdszenen in Hollywood" ab. Durch das Bullauge der Küchentür sah man den kleinen Kalabrier hektisch hin- und herlaufen, manchmal auch hüpfen, begleitet von höllischem Gebell.

112

Dieses Schauspiel dauerte einige Minuten an. Santino hatte eine Mörderkondition, alle Achtung!

Im Restaurant war noch immer keine Ruhe eingekehrt. Zahlreiche Gäste, die noch kein Essen bekommen hatten, stornierten ihre Bestellung und verließen das Lokal unter lautstarkem Protest, da sie kein Essen aus einer Küche haben wollten, in der ein Hund den Lokalbesitzer jagte und die mittlerweile wie ein Schlachtfeld aussah. Auch gut, war es nicht so verqualmt.

Ich hatte mir vorgenommen, nicht immer das Schlechte, sondern vom Bösen das Gute zu sehen.

Santino und die Küchencrew hatten unterdessen Frau Schliemann mit Unmengen von Pizzabrot unter Kontrolle und die Küche in Ordnung gebracht. Als er erleichtert mit Frau Schliemann die Küche verließ und sie zu uns an den freigewordenen Tisch brachte, traf Santino fast der Schlag, da das vormals vollbesetzte Restaurant bis auf unseren Tisch und einen weiteren leer und teilweise mit „Macceroni gratinati" und Gambastücken besudelt war.

Sein Bruder Angelo, der die ganze Zeit wie ein völlig Unbeteiligter neben sich und der gesamten Situation gestanden hatte, lehnte mit rot verschmierter Schürze am Tresen und schenkte sich einen Ramazotti nach dem anderen ein. Dies brachte den ansonsten ruhigen bis phlegmatischen Santino in Rage. Wie ein Vulkan explodierte er und schleuderte statt Lavabrocken seinem Bruder das gesamte Schimpfwortrepertoire entgegen, das er auf Lager hatte.

Frau Schliemann kümmerte sich pflichtbewusst um die restlichen Makkaroni, die auf Boden und Wand klebten. Laut schmatzend ließ sie sie in ihrem eh schon randvoll gefüllten Bauch verschwinden.

Langsam legte sich die Aufregung. Da saßen wir nun in einem leeren Lokal mit einem beleidigten Restaurantbesitzer, einem völlig besoffenen Kellner und mit einem Hund, der wegen einer beginnenden Kolik rülpsend auf dem Rücken lag und dessen geblähter, steinharter Bauch die Zitzen in alle Himmelsrichtungen stehen und die abenteuerlichsten Geräusche und Gerüche entweichen ließ. Beste Bedingungen für ein gepflegtes Gespräch.

Simones Handy läutete.

Auf dem Display stand groß „Eltern Simone". Die konnten einem auch nicht mal den kleinsten Moment Ruhe gönnen. Simones Eltern Udo und Clementine lebten in derselben Stadt – was Vorteile, aber durch die schnelle Erreichbarkeit auch viele Nachteile hatte. Mit dem Anruf fiel mir gleich wieder ein, worüber ich mit Simone reden wollte. Hoffentlich war es nicht schon zu spät. Ich bat Simone, auf Freisprechen zu stellen. Udo war dran.

„Simone! Das Auto! Immer vor dem Haus auf und ab! Ein alter, rostiger Opel Record mit Riesenanhänger! Und die Gestalten da drin. Die gucken immer zu uns rüber. Da stimmt was nicht!"

Es war schon zu spät.

Von dem Gestammel am anderen Ende verstand ich nur noch „Mafia".

„Papa, beruhige dich. Was sollen die denn von EUCH wollen? Wenn´s Einbrecher sind, stehlen die nur wertvolle Sachen. Und was habt ihr schon? Einen kleinen nervigen Hund und eine uralte Hammond-Orgel. Mach dich doch nicht lächerlich."

„Die Orgel", wiederholte ich leise.

„Sie halten vor unserem Haus an!"

Udos Stimme zitterte.

„Wie sehen sie denn aus, Papa?", fragte Simone besorgt. Auch Santino und Angelo standen interessiert an unserem Tisch, da außer uns ja niemand im Laden war.

„Ich kanns dir sagen", flüsterte ich Simone zu.

Simone hielt den Hörer zu.

„Hast du was damit zu tun?", zischte sie böse.

Ich versuchte möglichst locker zu gucken und sagte:

„Da haben wir doch drüber gesprochen!"

Simone nahm die Hand vom Hörer.

„Papa, ich meld mich gleich wieder!", rief sie hinein und legte auf. Sie packte mich am Kragen und sagte: „WORÜBER haben wir gesprochen?"

„Du hast mir doch vor ein paar Tagen gesagt, dass deine Eltern die Hammond-Orgel loswerden wollen, weil die eh nur Staub anzieht und eh keiner mehr drauf spielt!"

„Kann sein", sagte Simone genervt, „aber was hat das mit dem Auto vor dem Haus Deiner Schwiegereltern zu tun?"

„Ich habe eine neue Schülerin, ein ganz armes Kind. Ich nenne es immer Mülli, da es in ärmsten Verhältnissen aufwächst, ohne Geld und vor allem ohne Wasser…"

Das Telefon klingelte wieder.

„Eltern Simone" die Zweite.

„Sie sind drin! Sie sind drin!"

Diesmal war Clementine dran. Ihre Stimme überschlug sich regelrecht. Im Hintergrund hörte man Udo und eine weitere Männerstimme sich gegenseitig anschreien. Daneben Hundegekläffe und das Geschrei von kleinen Kindern.

„Die Orgel bleibt hier!" brüllte Udo wie von Sinnen.

„Wir haben die Tür aufgemacht und dann sind die einfach an uns vorbei gerannt und haben gefragt wo die Orgel ist!"

Ich wurde kreidebleich. Santino und Angelo wischten sich die Tränen aus den Augen und mussten sich vor Lachen gegenseitig stützen. Frau Schliemann pupste leise.

„Ich rufe die Polizei", brüllte Udo im Hintergrund, gefolgt von schallendem Gelächter. Sie schienen ihn nicht ganz ernst zu nehmen- und die Polizei sowieso nicht.

„Die scheinen von der Müllkippe zu kommen, wenn man nach dem Geruch gehen darf. Oh Gott, der große mit den zwei Zähnen hat Papa im Schwitzkasten und die anderen beiden Männer machen sich an der Orgel zu schaffen. Ich ruf wieder an!"

Die Verbindung war unterbrochen.

„Erklär mir das!", zischte Simone.

„Und zwar ein bisschen plötzlich. Mama hat was von Müll gesagt. Hat das was mit Mülli zu tun?"

„Sag ich doch die ganze Zeit! Ich habe mir gedacht, dass wir Mülli schön die Orgel Deiner Eltern schenken könnten, denn damit wäre beiden geholfen. Mülli brauch nicht mehr auf der Platte vom Küchentisch Klavier zu üben und deine Mutter braucht keinen Staub mehr zu wischen!"

„Prinzipiell ja sehr lobenswert, aber du hättest meine Eltern vorher informieren sollen! Jetzt geht es bei ihnen drunter und drüber.

Simones Handy.

„Eltern Simone"

Mülli die Dritte…

„Die haben gesagt, dass Olli ihnen die Orgel versprochen hat! Das geht wirklich zu weit!"

„Du hast doch selbst gesagt, dass die Orgel weg soll!"

„Aber doch nicht so bald!"

„Mama! Willst du nun die Orgel weggeben oder nicht?"

„Die Frage stellt sich nicht mehr, da sie gerade auf den Anhänger verladen wird. Papa prügelt sich noch mit dem großen mit den zwei Zähnen, die Frau und die Kinder sitzen schon im Auto und der andere Mann pinkelt in den Brunnen…"

„Olli kann man keine Vorwürfe machen. Du hast doch selbst gesagt…"

„Olli macht nie was, wenn man ihn um was bittet oder erst nach Monaten. Wer konnte denn damit rechnen, dass er diesmal so schnell…"

Sie fing an zu weinen.

„Auf der Orgel hast du Orgel spielen gelernt…", sie schluchzte.

„Wozu sollen wir denn jetzt Weihnachten singen?"

„Zur CD wie in den letzten Jahren immer", rief ich aus dem Hintergrund.

„Dieser grässliche Mensch hört auch noch zu?"

Die Tränen wichen einer Zornattacke.

„Mein Schwiegersohn verramscht die gesamte Hauseinrichtung an Asoziale. Kind, dieser Mann ist dein Untergang! Wen hättest Du nicht alles haben können, den Rechtsanwalt…"

Santino und Angelo prusteten die nächste Lachsalve und eine Ramazotti - Wolke aus, während ich mit hochrotem Kopf da saß.

„Mama, ich ruf Dich von zu Hause noch mal an! Ist grade schlecht!", sagte Simone sehr zum Unmut der beiden Italiener, die nun das Ende ihrer kurzweiligen Abendunterhaltung gekommen sahen.

„Jetzt ist sie weg!", sagte Simone und schaute in die Ferne.

„Ihr wisst auch nicht, was ihr wollt! Mülli jedenfalls ist jetzt überglücklich!", sagte ich und strich Simone über die Haare.

„Und wir haben das alte Ding ja wirklich nicht mehr gebraucht. Es hat nur Staub angesetzt. Und so macht es wenigstens noch jemanden glücklich!"

„Was auch alles auf Clementine zutrifft. Vielleicht kriege ich die ja auch noch gut unter die Leute…"

„Ekel!", sagte Simone und lachte. Sie wusste genau, dass ich mit meinen Schwiegereltern keinen schlechten Fang gemacht und den Spruch nicht ernst gemeint hatte. Und ganz tief in ihrem Inneren wussten sie auch, dass der Orgeldeal eine gute Sache war. Wenngleich sie mir die Aktion noch Wochen, wenn nicht Jahre vorhalten würden.

16 Flöte ist Scheiße

Es war Freitag. Eigentlich Ende der Woche und letzte Hürde vor dem Wochenende. Doch die Latte lag in unserer Schule sehr hoch, denn es kam die Flötengruppe.
Vier kleine, fünfjährige Flötenterroristinnen trafen sich einmal die Woche, um sich gegenseitig zu messen, wer die höchsten und lautesten Quietschtöne aus dem armen Stück Holz bekommt.
Beaufsichtigt wurden sie dabei von unserer Früherziehungslehrerin Natascha, die in Russland Musikpädagogik studiert und bereits einige erfolgreiche Umerziehungs-, bzw. Früherziehungsgruppen betreut hatte.
Mit dieser Gruppe wurde sie allerdings häufiger an ihre Grenzen geführt. Emma, Lilly, Ramona und Karla gaben alles und das konnte eine ganze Menge sein.

Karla war der augenscheinliche Chef der Flötengang. Spielte eine der anderen einen falschen Ton oder nicht im Takt, verstand es Karla, ihre Kolleginnen durch gezielte, aber rhythmische Schläge mit der Blockflöte auf den Hinterkopf, wieder ins Gruppengeschehen einzugliedern. Sie war eher der gröbere Typ, hart aber herzlich – aber dennoch der Handlanger der grauen Eminenz Emma. Die wiederum ging viel subtiler und reflektierter an die gruppendynamischen Prozesse und verstand es, im Hintergrund die Strippen zu ziehen. Karla war dabei ihr verlängerter Arm. Die beiden kamen mir immer wie die beiden Mäuse „Pinky und Brain" vor, die in jeder Zeichentrickfolge erfolglos versuchten, die Weltherrschaft an sich zu reißen. In jeder Folge scheiterte der Genius der einen Maus an der ungeschickten Umsetzung der anderen, einfacher gestrickten Maus.

So versuchten Pinky und Brain in jeder Früherziehungsstunde die anderen beiden und die Lehrerin so zu mani-
pulieren, dass sie zum Ziel kamen. Dies war natürlich
nicht die Weltherrschaft, sondern etwas viel Greifbare-
res. Das konnte im Sommer ein Eis sein, im Winter ein
Schneespaziergang, aber in jedem Fall nie das, was sie
eigentlich in der Musikschule sollten: Flöte spielen.

Es hatten sich schon alle Kinder eingefunden und warteten gespannt. Heute sollte ein neues Kind zur Flötengruppe dazu stoßen: Der fünfjährige Marvin war auser-
sehen, die Mädchengruppe als Hahn im Korb zu berei-
chern.
Natascha hatte bereits die Stühlchen für die Kinder auf-
gebaut und die Mädels Platz genommen, als sich die
Ladentür öffnete. Schlagartig war Ruhe im Hühnerhau-
fen und alle blickten gespannt zur Tür.
Man sah das Hinterteil einer Mutter, die kräftig an irgend
etwas zu zerren schien, was nicht in die Musikschule
wollte.
„Flöte ist Scheiße!", gellte es von draußen in einem hel-
len, aber bestimmten Kinderstimmchen durch die Schule.
Karla brach in stumpfes Gelächter aus, wurde aber von
Emma unsanft in die Seite gestoßen und damit schnell
und effektiv still gestellt.
„Marvin! Die anderen Kinder sind doch auch schon alle
da! Die warten schon auf dich! Willst du sie warten lassen?"
„Scheiße! Scheiße! Scheiße"
Marvin schien mit beiden Beinen auf die Erde zu springen. Seiner Mutter wurde es zuviel und sie schnappte
sich den tobenden Dreikäsehoch und trug ihn kurzerhand

in die Schule – zur Begeisterung der Flötenmädels, die seinen peinlichen Auftritt mit lautem Lachen begleiteten.
„Mädchen sind auch Scheiße!" rief er trotzig, zog einen Flunsch und verschränkte seine Arme.
Karla stürmte auf ihn zu, haute ihm ohne Kommentar die Flöte auf den Kopf und sagte:
„Doofmann!"

Ohne zu zögern, packte Marvin sich Karla und flüsterte ihr lächelnd ins Ohr:
„Ich mach Dich tot!"
Von allen anderen Anwesenden hatte keiner etwas gehört. Jedoch sahen alle, dass Karla schneeweiß wurde, die Flöte fallen ließ und sich mit vor dem Kopf stehenden Augen wortlos auf ihr Schemelchen setzte.
„Die sind ja schon schön miteinander warm geworden", lachte Marvins Mutter.
„Dann kann ich Dich ja hier alleine lassen!"
Karla schluckte eine Träne herunter. Das hatte gesessen.
„Packt schon mal aus, ich hole noch gerade die Handtrommeln aus dem Nebenraum!", sagte Natascha und stand auf. In Sekundenbruchteilen hatte sie Karla am Bein hängen, die ihr unbedingt beim Tragen helfen wollte.
Ungläubige Blicke der anderen Kinder folgten, da Karla sich immer vor unnötiger körperlicher Betätigung drückte.
„Na, was ein junger Mann in der Gruppe nicht alles bewirkt.", sagte Natascha und wusste nicht, wie Recht sie damit hatte.
Kaum hatten Marvins Mutter, Natascha und Pinky, die Klette, den Raum verlassen, begann der Neuzugang eine bizarre Performance: Er zog sich zur Belustigung und

unter dem Beifall der Mädelsgruppe aus. Natascha bekam im Nebenzimmer nichts davon mit.

Marvin genoss diese Aufmerksamkeit.

Er warf zunächst seine Schuhe, seinen Pullover und seine Hose in die Mitte des Stuhlkreises und stand in Unterwäsche da. Bis dahin fanden das die Mädels noch irrsinnig witzig. Doch dann läutete Marvin die zweite Stufe seiner Schock-Performance ein: Er zog seine Unterwäsche aus und stand plötzlich splitternackt inmitten des Stuhlkreises.

Zunächst war es totenstill. Fassungslos schauten die Mädchen auf Marvin, der dastand, wie ihn Gott geschaffen hatte. Doch plötzlich setzte eine Massenhysterie ein.

Laute „Iiiiih, Pippimann! Pippimann"- Schreie gellten durch die Musikschule.

Natascha stürmte von nebenan in den Raum und sah das Chaos: Marvin stürzte nackt und laut lachend durch den Raum und freute sich diebisch an der Panik, die sein Pipimann ausgelöst hatte. Ramona hielt sich die Augen zu, Lilly weinte und Emma bog sich auf ihrem Stühlchen vor Lachen.

Natascha stürmte sofort zur weinenden Lilly, um sie zu beruhigen und merkte nicht, dass Marvin zu Teil drei seiner Performance ausholte.

Er hockte sich mitten in den Raum und manifestierte seine Meinung zum Flötenunterricht in Form eines kleinen, braunen Würstchens inmitten des Stuhlkreises, der dadurch seinen Namen zu Recht trug.

Hatte nach der Pippimann-Präsentation nur Chaos geherrscht, geriet nun die bislang geordnete Musikschulwelt völlig aus den Fugen.

„Ich muss brechen! Ich muss brechen!", taumelte Ramona würgend durch den Raum, beide Hände vor dem Mund mit Backen, die aussahen, als würde sie krampfhaft die Luft anhalten. Lilly war nach hinten gesunken und stammelte nur „Kacka! Kacka!", während Emma ohne große Worte Taten folgen ließ und vor mein schönes Klavier kotzte.

Marvin hüpfte durch den Raum und sang „Flöte ist Scheiße, Flöte ist Scheiße" und hatte sichtlich seinen Spaß.

Natascha stand hilflos mittendrin und wusste nicht, um wen sie sich zuerst kümmern sollte: Die verstörten Mädels oder den Jungperformer.

In diesem Moment der Hilflosigkeit, am Zenit von Marvins Performance, öffnete sich die Ladentür und Marvins Mutter kam zurück.

Nur dank ihres beherzten und schnellen Eingreifens waren die Folgen dieser Früherziehungsstunde gering: Sie zog ihren Sprössling an und beseitigte alle Körpersekrete und Stoffwechselendprodukte, die nicht in die Musikschule gehörten und kochte der immer noch völlig hilflos in der Ecke sitzenden und zitternden Natascha einen Kaffee. Den Mädels holte sie in der Bäckerei nebenan ein kleines Eis und versprach ihnen, dass Marvin nie wieder kommen würde, wenn sie ihren Eltern nichts von diesem Nachmittag erzählten. DAS war Krisenmanagement – oder Folge einer langen Leidensgeschichte mit diesem Kind, die immer schnelles und beherztes Handeln nötig machte.

Als die Eltern der anderen Kinder kamen, wies kaum etwas auf das Chaos hin, dass hier noch vor wenigen Minuten geherrscht hatte – bis auf vier kleine verstörte Mädchen, eine weinende Früherziehungslehrerin und den süßlichen Geruch eines frühmusikalischen Stuhlkreises…

17 Bernis Geheimnis

„Ich habe eine nette E-Mail bekommen!", strahlte Berni.

„Warum solltest Du auch nicht einmal eine nette Email bekommen, Berni. Ich gönn es Dir! Immer nur SPAMs und der selbst abonnierte Witzenewsletter frustrieren auf Dauer ja auch", lachte ich.

„Ein Mädel hat gehört, dass ich so tollen Flötenunterricht mache, und da wollte sie mal fragen, ob ich sie nicht dazwischen schieben kann!"

„Wow! Und, kannst Du?"

„Klar, so süß, wie die mir geschrieben hat, schiebe ich die hin, wo sie will!"

„Mensch Berni, das klingt ja wie eine Kinoschnulze!", kicherte ich.

„Die ist tierisch feinsinnig. Die hat mir sogar ein kleines Gedicht geschrieben!"

„Berni, die kennt Dich doch gar nicht. Und sie schreibt Dir schon ein Gedicht?"

„Das wundert mich ja auch so. Sie hat mich angeblich beim letzten Schülerkonzert gehört. Ich habe für übermorgen eine Probestunde ausgemacht!"

„Ich bin gespannt! Wie die wohl aussieht?"

„Keine Ahnung. Sie hat geschrieben, dass sie Anfang zwanzig ist und gerne tanzt. Ist bestimmt ´ne Sahneschnitte!"

„Bist ein Glückspilz, Berni. Aber denk dran: Du hast eine Freundin. Also alles, was über den Musikunterricht hinausgeht schön oberflächlich halten!"

Berni grinste und zwinkerte mit einem Auge.

„Hast Du was am Auge?"

„Eher im Auge", sprach er und lächelte.

Berni gefiel sich in seiner neuen Rolle als Womanizer. Sollte er doch. Ich gönnte es ihm.

Alle Lehrer, die im Laufe der nächsten beiden Tage kamen, erfuhren von Berni alles brühwarm und waren alle gespannt auf seinen Aufriss musikalischer Art.

Ich konnte zur Probestunde leider nicht in der Musikschule sein, aber ich sprach ihn am Folgetag gleich auf die erste Stunde an.

„Und, wie ist sie?", fragte ich ungeduldig.

„Wer?"

„Berni, spann mich nicht auf die Folter. Deine Sahneschnitte, die Tanzmaus, das Querflötengirl. Hat Dich ihr Anblick so geplättet, dass Du sprachlos bist?"

„Ach, Jessica meinst Du", lächelte Berni verlegen und irgendwie merkte man ihm an, dass nicht alles so gelaufen war, wie er es sich das vorgestellt hatte.

„Jessica…Klingt wie eine Frauenzeitschrift oder eine Damenbinde….", grunzte ich.

„Verarschen kann ich mich selbst", zischte Berni.

„Und, wie war sie so? Nun lass Dir nicht alles aus der Nase ziehen!", drängelte ich und fand langsam Spaß daran, wie Berni sich wand.

„Wie soll sie schon gewesen sein? Sie ist sehr musikalisch!"

„Und wie sieht sie aus?"

„Sie hatte Stulpen an, einen schwarzen Turndress und ein dünnes Tuch darüber", sagte Berni und guckte aus dem Fenster.

„Klingt doch viel versprechend. Und? Hat es Klick gemacht?"

„Metronom in der ersten Stunde, Du spinnst wohl, die soll doch nicht die Lust an der Sache verlieren", raunte Berni und stand auf.

„Ich muss jetzt zu meinem Unterricht!"

„Berni, du weißt genau, was ich gemeint habe!"

„Eben!"

Berni verließ den Raum und unterrichtete den Rest des Tages, ohne seinen Raum zu verlassen. Da ich nichts weiter vorhatte, beschloss ich, den längst überfälligen Schreibkram zu erledigen und zu warten, bis Berni fertig war. So schnell gab ich nicht auf!

Gegen zwanzig Uhr verließ Bernis letzter Schüler die Musikschule, eine halbe Stunde später war immer noch kein Berni zu sehen. Daher ergriff ich die Initiative und ging zu ihm in seinen Raum.

„Zoff mit deiner Freundin, oder warum gehst du nicht heim? Hast du sie schon für das Flöte spielende Ballett-mäuschen verlassen?"

„Du bist doch krank!", blaffte mich Berni an.

„Kannst Du immer nur an das eine denken?"

„Du hast doch die letzten beiden Tage von nichts anderem gesprochen und jedem, der es hören wollte oder nicht, von deinem Neuzugang vorgeschwärmt. Jetzt muss schon ein bisschen Fleisch an den Knochen. Erzähl mal was."

„Wenn Du wüsstest, wie Recht zu hast", flüsterte Berni und vergrub seine Hände in seinem Gesicht.

„Schön, dass Du so einsichtig bist! Hat sie Dich ange-macht? Hast Du ein neues Gedicht bekommen? Und vor allem: Wann ist eure nächste Stunde, damit ich mir den Tanzfloh mal ansehen kann?"

„Die kann nur früh morgens!", rief Berni schnell.

„Da pennst Du eh noch! Morgens um sieben! Da ist noch keiner in der Musikschule!"

Bernis Kopf wurde rot. Der Schlingel. Wollte bei seinem Rendezvous keine Zeugen haben. Das wollen wir ja mal sehen. Zum Schein ging ich auf sein Spielchen ein.

„Schade. Werde ich sie wohl nie sehen."

„Genau. Du wirst es überleben!"

Entspannung machte sich in Bernis Gesicht breit.

„Wann trefft ihr euch denn? Auch, wenn dann keiner in der Schule ist. Nur, damit ich informiert bin!"

„Nächsten Dienstagmorgen um sieben! Ist tierisch früh, aber was macht man nicht alles für seine Schüler!"

„Da sagst Du was!", sagte ich und verabschiedete mich von einem sichtlich erleichterten Querflötenlehrer.

Dem alten Fummelberni würde ich einen Spontanbesuch in der Frühe abstatten und ihm damit einen dicken Strich durch seine Rechnung machen!

Die Woche verging rasend und ich vermied es, Berni auf seine Sahneschnitte anzusprechen, um keinen Verdacht aufkommen zu lassen. Er hatte eh genug damit zu tun, die anderen Lehrer zufrieden zu stellen, nachdem er vor dem Treffen mit der Werbeglocke durch die Schule gelaufen war. Auch ihnen wich er aus und sagte so gut wie gar nichts. Er schien extrem misstrauisch zu sein und wollte wohl erst auf Nummer sicher gehen, ehe er den restlichen Lehrern den Mund wässrig machte.

In diebischer Vorfreude stellte ich mir das dämliche Gesicht der beiden vor, wenn ich sie am Dienstagmorgen auf frischer Tat überraschte.

Um sechs Uhr klingelte mein Wecker. Simone schreckte zusammen.

„Hast Du Dich gestern Abend beim Einstellen des Weckers um zwei Stunden vertan?", fragte sie fassungslos.

„Nee, nee. Ich muss heute mal was früher in die Schule! Ich hab mich mit Berni verabredet!"

„Um sechs Uhr morgens?", fragte Simone misstrauisch.

„Da ist doch was faul!", sagte sie und schaute mich vorwurfsvoll an.

„Arbeitsfrühstück!", sagte ich nur und verließ das Schlafzimmer, um mich zu waschen. Aus dem Schlafzimmer hörte ich nur ein verächtliches „PAH" und das Knarzen der Matratze. Simone hatte sich noch mal hingelegt.

Ich wollte nicht zu früh in der Musikschule auftauchen und ihnen eine halbe Stunde Vorsprung geben. Zwar erwartete ich nicht, sie eng umschlungen vorzufinden, aber zumindest turtelnd.

Daher kochte ich mir einen Kaffee und malte mir in unserer Küche die Szenarien aus, die mich gleich erwarten konnten. Wenn Berni schon so ein Geheimnis daraus machte, geschah sicherlich ungeheuerliches in Übungsraum zwei…

Sieben Uhr! Die Zeit wollte und wollte nicht vergehen. Im Untergeschoss, wo unser Schlafzimmer war, hörte ich Simone aufstehen. Verschlafen kam sie die Treppe herauf.

„Ich denke, ihr habt Arbeitsfrühstück. Warum trinkst du dann Kaffee?"

„Der, die, das, wieso, weshalb, warum…" sang ich vergnügt.

„Wer nicht fragt, bleibt dumm", setzte Simone singend den Slogan der „Sesamstrasse" weiter fort.

„Also, was ist los?"

„Es geht um Berni!"

„Flötenberni?"

„Ja. Er hat um sieben eine Querflötenstunde."

„Hat er Schlafstörungen? Der unterrichtet doch schon abends bis um zwanzig Uhr! Oder hat ihn seine Freundin…"

„Darum geht es ja. Der könnte locker auch nachmittags unterrichten."

„Denkst Du, die flöten da gar nicht?"

Ich grinste breit.

„Du bist ein Ferkel!", lachte Simone und goss sich einen Kaffee ein.

„Berni ist das Ferkel. Wir haben eine Musikschule und keinen Swingerclub!"

„Meinst Du nicht, Du übertreibst ein bisschen?"

„Um das rauszufinden, fahre ich jetzt in die Musikschule!", sagte ich bestimmt.

„Ruf mich an, wenn Du weißt, was da los ist!", rief mir Simone noch nach.

Ich schloss die Haustür und fuhr zügig zum vermuteten Sündenort. In der Tat sollte mich dort eine riesige, eine gewaltige Überraschung erwarten.

Ich betrat die Schule durch den Hintereingang, um Berni und Jessica nicht durch das Klingeln der Ladentür vorzuwarnen. Aus der Küche kamen Geräusche einer Querflöte. Alle Achtung! Ich hatte Berni unterschätzt! Wahrscheinlich Tonbandaufnahmen.

Er gab Unterricht in der Küche, die auf der Rückseite des Hauses lag und nicht einzusehen war. Ich stand vor der Küchentür und legte die Hand auf die Klinke.

Das Geflöte hörte auf.

„Mensch Berni, wie Du das machst", fistelte ein zartes Stimmchen bewundernd durch die Küche.

„Aber warum müssen wir eigentlich so früh proben, hätte es elf Uhr nicht auch getan? Ich bin noch soooooo müde!"

Ha! Ich hatte den Beweis. Berni wollte uns die Schnitte vorenthalten. Jetzt war mein großer Moment gekommen. Auf das dämliche Gesicht des inflagranti erwischten Balzberni war ich mehr als gespannt.

Schlagartig riss ich die Küchentür auf.

Berni schrie laut auf, wie ein Vampir, der realisiert hatte, dass ihn gleich die ersten Strahlen des Tages zu Staub verwandeln würden. Seine Flöte fiel zu Boden. Gleichzeitig auch mein Unterkiefer, als ich sah, WEN oder besser WAS er dort unterrichtete.

Bernis Beschreibung hätte besser nicht sein können. Was er verschwiegen hatte, war die Tatsache, dass Jessica locker zweihundertfünfzig Kilo wog. Vor ihrem korpulenten Körper hätte selbst ein Alphorn wie eine Piccoloflöte ausgesehen.

Ich musste tief Luft holen und bemerkte den tierischen Mief, der sich in diesem Raum angesammelt hatte. Wenngleich Vergleiche immer hinken, kommt das Raumklima, das entsteht, wenn man eine Unterhose, die man zwei Wochen am Stück getragen hat, zehn Minuten vor einem Ventilator schwenkt, dem sehr nahe, was mir entgegen wallte. Reinlichkeit war zwar eine Sache, aber im Verhältnis zum Körperumfang zu kurz geratene Arme machten Körperpflege auch für den noch so reinlichen Menschen schwierig.

Das erklärte auch Bernis grüne Gesichtsfarbe und das Erschrecken, als er mit frischer Luft in Kontakt kam. Ein Mordskerl, der sich diesen Bedingungen ohne Atemschutz aussetzte.

Derzeit diskutierten Fachleute in sämtlichen Medien, dass Kellner, die den ganzen Tag passivrauchend durch verqualmte Kneipen laufen, besser geschützt werden müssten und der arme Berni…

Ich stürzte wie ein Wilder zum Fenster und riss es auf.

„Junge, habt ihr hier eine Hitze drin!", heuchelte ich.

Berni und Jessica saßen versteinert wie Unbeteiligte da und schauten mich ungläubig ann.

„Ich heiße Olli!", sagte ich freundlich und streckte der verdatterten Jessica meine Hand entgegen.

„Hallo! Angenehm! Jessica!", brachte sie nur verstört heraus.

So schnell, wie ich die Küche gestürmt hatte, verließ ich sie auch wieder. Berni mir hinterher.

„Jessica, machst du die letzte Übung bitte noch mal, ich bin direkt wieder da", rief er in die Küche, ehe er die Tür hinter sich schloss.

„Mannmannmann! Das hat die doch auch gemerkt, du Idiot!", blaffte mich Berni an.

„Was denn?"

„Die Fensteraktion! Die Heizung ist doch aus!"

„Meinste wirklich?"

Berni schwieg sauer.

„Was soll das überhaupt?"

„Ich wollte Deine Sahneschnitte doch nur mal gerne sehen!"

„Hast Du ja jetzt!"

„Da muss sich Deine Freundin aber echt Gedanken machen", kicherte ich.

„Die ist charakterlich total super! Du und deine Äußerlichkeiten!"

„Wegen mir brauchst du in Zukunft nicht mehr um fünf Uhr morgens aufzustehen. Hättest Du übrigens auch so nicht gemusst. Aber nachdem Du vorher ja den großen Zampano gegeben hattest, blieb dir ja nichts anderes mehr übrig. Vielleicht kann sie ja in Zukunft zur selben Zeit wie Mülli kommen, damit wir nur einmal Lüften müssen. Im Winter wird das sonst zu teuer…"

Berni lachte und verschwand wieder in der Küche. Ihm war wohl auch klar geworden, dass Offenheit zum einen wichtig für das Betriebsklima und zum anderen gesünder für den Biorhythmus war. Mir dagegen war klar geworden, dass unnötige Kontrolle überflüssig und Taktgefühl nicht nur beim Abspielen einer Partitur wichtig war.

18 Billig drangekommen

„Wo kommt eigentlich dieses braune Schafsfell her, auf dem Frau Schliemann immer liegt?", fragte Simone eines Abends, als wir in Ruhe im Wohnzimmer saßen und unsere Termine absprachen.

„Schön, gell! Hab ich ihr besorgt! Liegt sie schön weich drauf. Guck mal, wie sie sich darüber freut!"

Frau Schliemann lag lang auf dem Rücken wie Snoopy auf dem Dach seiner Hundehütte und hatte ihre Pfoten in alle Himmelsrichtungen gestreckt.

„Klar ist das schön, aber das Nötigste war das nicht unbedingt, oder? War doch bestimmt teuer, da es echtes Schafsfell ist!"

Sie klopfte mit ihrem Zeigefinger auf den Tisch.

„Du hättest zumindest mit mir drüber sprechen können!"

Ich zögerte kurz. Für sie wohl eine Sekunde zu lang.

„Oder wäre das zu viel verlangt?"

Ihr Ton nahm an Schärfe zu.

„Nein, du hast Recht", besänftigte ich sie.

„In Zukunft reden wir darüber, versprochen! Aber das Fell hier hab ich super günstig bekommen."

Zu diesem Zeitpunkt war die Diskussion beendet, sollte aber wenige Wochen später wieder aufflammen.

Ich saß in der Musikschule und bekam einen besorgten Anruf von Simone:

„Olli! Komm nach Hause. SOFORT!"

„Schneuzelchen, beruhige Dich. Ich kann nicht kommen, ich habe Unterricht", log ich.

„Was ist denn so schlimmes passiert, dass Du Dich so dolle aufregen musst?"

„Wir haben gerade eine Lieferung Kaminholz bekommen. Zwanzig Raummeter. ZWAN-ZIG. Das muss doch ein Irrtum sein! Weißt du, was die kosten?"

„Simone, der nächste Winter kommt bestimmt, abgesehen davon bin ich zu einem Traumpreis…"

„Olli! Wir haben gar keinen Ofen! Was sollen wir dann mit Kaminholz?"

Sie kochte vor Wut.

„Sieht doch auch ganz gemütlich aus, wenn wir es vor dem Haus aufschichten und wer weiß: Vielleicht haben wir ja irgendwann einen Ofen. Lass dich doch mal überraschen!"

„Olli, du wirst immer sonderbarer. Ich glaube fast, du hast Kaufzwang! Erst das Fell, jetzt das Holz, was kommt als nächstes?"

Das wüsste ich auch gerne, dachte ich.

„Simone, wir klären das heute Abend, mein Schüler wartet!", log ich ein zweites Mal. Es klickte. Simone hatte aufgelegt.

Bis heute Abend musste ich eine Erklärung parat haben.

Nach Mittag kam Kalli zum Unterricht. Kalli war Ende vierzig und passionierter Akkordeonspieler. Gleichzeitig war er der Grund, warum Simone mich für bekloppt oder zumindest kaufsüchtig hielt.

Er war Inhaber der ersten Eifler Tauschbörse. Hier wurde mit den verschiedensten Waren gehandelt, nur eben kein Geld dafür bezahlt, sondern mit Realien getauscht.

Kalli hatte mich damals ehrlich gesagt an die Wand gequatscht, so dass ich leichtfertig ja gesagt und mich auf den Tauschhandel eingelassen hatte. Kalli kam wöchentlich zum Akkordeonunterricht und schenkte mir dafür von Zeit zu Zeit Dinge, die seiner Ansicht nach dem Gegenwert entsprachen.

Das war immer eine gewisse Lotterie, weil man nie wusste, was Kalli gerade an anderer Stelle eingehandelt hatte.

Mit dem Schafsfell und dem Holz war ich ja ganz gut weggekommen, nur was würde er mir als nächstes schenken?

„Hi Olli! Ich hab schon was Neues für dich organisiert!"

„Super, Kalli. Kaminanzünder? Einen Ofen?"

„Vieeel besser", lächelte Kalli und klopfte mir auf die Schulter.

„Aber hat ja noch ein bisschen Zeit. Entspricht etwa dem Gegenwert von zehn Akkordeonstunden. Eigentlich ist das Zeug viel mehr wert, aber weil du es bist..."

„Ist schon gut, Kalli! Lass uns erst mal diese Stunde über die Bühne bringen!"

Während der Unterrichtsstunde gingen mir verschiedene Dinge durch den Kopf. WAS würde Kalli diesmal anschleppen? Wie sollte ich Simone das Kaminholz erklären? Mit Tauschgeschäften brauchte ich sicher nicht anzukommen, die würde mir was erzählen. Ähnlich wie mein Steuerberater, der nicht die geringste Ahnung hatte, wie er diese „Einnahmen" verbuchen sollte.

Zu Hause angelangt, erwartete mich Simone bereits.

„Schau mal bitte hinter unser Haus! Du weißt schon, die Fläche, wo heute Morgen noch unser Garten war!"

Ich schritt durch unser Haus und blickte vom Balkon auf einen riesigen Berg von Buchenholz.

„Sollte ne Überraschung sein", sagte ich kleinlaut.

„Die ist gelungen!", zischte Simone.

„Was hast du dir dabei wieder gedacht? Wahrscheinlich hast du gar nicht gedacht!"

„Simone! Das ist Teil einer rieeeesen Überraschung", versuchte ich, sie hinzuhalten.

„Richtig erkennen wirst du die erst Ende des Jahres! Es fehlen noch ein paar Mosaiksteinchen zum Gesamtbild! Momentan erschließt sich dir der tiefere Sinn noch nicht und es sieht so aus, als sei ich total bekloppt…"

Simone blickte nickend und halb resignierend aus dem Fenster.

„…aber am Ende wirst du mir sehr dankbar sein", fuhr ich fort und legte ihr beruhigend meine Hand auf die Schulter. Sie schaute ungläubig.

„Wenn du so weiter motzt, versaust du dir deine Überraschung noch selbst!"

Ich hatte gewonnen. Zumindest bohrte sie nicht weiter nach. Denn auf ihre Neugier war Verlass.

Auch ich war gespannt, wie das Gesamtbild aussehen würde, je nachdem, was Kalli bis Ende des Jahres noch alles anschleppen würde.

„Du immer mit deinen seltsamen Ideen", grummelte sie und gab mir lächelnd einen Kuss.

„Ich wollte dich noch was anderes fragen!", sagte Simone fast beiläufig, während sie mit einem Blick aus dem Fenster die Holzberge musterte und lächelte verschwörerisch.

„Was denn", versuchte ich ebenso beiläufig zu klingen, während tief in mir bereits sämtliche Alarmglocken schrillten. Diese Art von Frage konnte nur drei Hintergründe haben:

Erstens, ich hatte irgendwo Mist gebaut, danach versucht, es zu vertuschen und sie war nun darauf gestoßen.

Dazu hätte es einige Dinge gegeben, die mir aus dem Stehgreif eingefallen wären und ein immenses Erklärungspotential mit sich brächten.

Zweitens, sie wollte mich in eine Falle locken und Drittens: Beides.

„Du erinnerst dich doch sicher noch an unser Gespräch!"

Sicher! Wir haben in unserer fünfzehnjährigen Beziehung ja erst drei Gespräche geführt, da kann man sich ja bestens erinnern.

„Ein bisschen genauer müsstest du es schon machen!", versuchte ich, sie ohne schulmeisterliche Maßregelung ein wenig konkreter werden zu lassen.

„Damals, als wir über die Annonce gesprochen haben!"

Sie schaute mich an und zog eine Augenbraue nach oben.

Ich beantwortete die Frage wortlos mit ebenfalls hochgezogener Augenbraue.

„Manno! Du hattest mir doch gesagt, ich könnte auch ein Instrument unterrichten!"

Mir fiel es schlagartig ein, was sie meinte: Der Arschgeigengag! Dass sie nicht jeden Witz sofort kapierte, war mir ja klar, aber diese Beharrlichkeit machte mir Angst.

Es war eine Menge Zeit vergangen, seit ich vor dem Hintergrund des Begriffes „Arschgeige" im Rahmen einer kleinen Witzelei angedeutet hatte, sie könne ein Instrument besonders gut unterrichten, da sie es meisterlich beherrsche.

„Hast du jetzt herausgefunden, welches Instrument ich meine?", fragte ich neugierig und gleichzeitig vorsichtig, denn sollte sie es wirklich herausgefunden haben, war die Reaktion auf diese Unverschämtheit sicherlich schmerzhaft.

„Nicht direkt…", sagte Simone leise und musste wieder aus dem Fenster blicken, damit mir ihr Lächeln verborgen blieb.

Ich hatte es jedoch bemerkt.

Dieser Sachverhalt machte mich allerdings umso stutziger, hatte ich doch Zorn oder zumindest das übliche Beleidigtsein-Zeremoniel erwartet.

„Meine Frage ist eher genereller Natur!", sprach sie und schaute mich an.

Ich blickte ratlos zurück.

„Wenn ich das Instrument unterrichten sollte, müsstest Du mir aber bitte vorher ein paar Stunden darauf geben und mir das Instrument mal professionell vorführen!"

Sie zwinkerte mich bewundernd mit Rehaugen an.

Sie KONNTE den Begriff nicht erraten haben, sonst hätte sie unmöglich eine solch dämliche Bemerkung gemacht!

Sie war wirklich noch völlig unwissend. Soviel Unwissenheit und Naivität verlangten förmlich nach weiterer Demütigung – Ehefrau hin oder her.

„Logo gebe ich Dir ein wenig Anschauungsunterricht! Gerne auch im Rahmen eines Schülervorspiels", versicherte ich völlig ernst, obwohl ich innerlich vor kindlicher Freude und Stolz fast platzte.

Sie zog einen zusammengefalteten Zettel aus ihrer Tasche. Zeitgleich änderte sich ihr Blick von einer Sekunde auf die andere. Nun blickte sie so, wie ich mich eben noch gefühlt hatte: Selbstsicher bis über beide Ohren hinaus.

„Da wir das ja jetzt im Vorfeld geklärt haben, sollten wir uns einen Termin für deinen Auftritt beim Schülervorspiel ausdenken, die Materialliste für das Instrument habe ich bereits zusammengestellt!"

Während sie breit lächelnd vor mir stand und mit dem zusammengefalteten Zettel winkte, versuchte auch ich zu lächeln. Es gelang mir nicht wirklich, sondern sah eher hilflos aus.

Materialliste? Was für eine Materialliste sie wohl meinte? Sie hatte die Sache wahrscheinlich immer noch nicht verstanden. Aber ich wollte das Spiel weiter mitspielen, wenngleich sie mich gehörig aus der Bahn geworfen hatte.

Sie machte zwei Schritte auf mich zu, steckte mir den Zettel in meine Hemdtasche. Dabei musterte sie mich langsam von unten nach oben und lächelte dabei verrucht wie eine professionelle Bardame. Beiläufig gab sie mir einen Klapps auf den Po, zwinkerte mit dem Auge und schritt triumphierend aus dem Zimmer.

Was wohl auf diesem blöden Zettel stand? Ich würde ihr nicht den Gefallen tun, und mich sofort auf dieses Blatt Papier stürzen. Auch nicht, wenn dieses Stück beschrifteter Cellulose im Moment voll und ganz mein Denken bestimmte. Ich würde es später in der Musikschule auffalten und mich in Ruhe über Simones Naivität kaputt lachen. Das stellte sich als kapitale Fehleinschätzung heraus.

19 Burgfried und Pommes

In der Musikschule herrschte mal wieder das blanke Chaos: Im Foyer verbreitete die Früherziehungsgang um Karla und Emma mit ihren Flötentönen blanken Schrecken, im Nachbarraum heulte Hans Kretzer den Mond an und im dritten Raum versuchte Andrew verzweifelt eine Probestunde auf der Gitarre durchzuziehen – ein Freitag wie jeder andere. Jedoch war eins anders als sonst: Aus dem Keller drangen die abenteuerlichsten Geräusche. Eine Mischung zwischen notbremsendem Güterzug und klirrendem Glas.

Im Keller befand sich unser „Darkroom". Dies war ein alter, quadratischer Raum, den wir mit schwarzem Akustikschaum rund herum ausgekleidet hatten. Dadurch konnte hier der Schlagzeugunterricht stattfinden, beziehungsweise all jene Veranstaltungen, die in den oberen Räumen der Schule lautstärkemäßig stören würden.

Ungeduldig schritt ich die alten Holzdielen zum Keller herunter, um zu sehen, wer dort einen solchen Krach veranstaltete.

„Hammersound", hörte ich eine mir bekannte Stimme durch den Keller rufen.

Berni! Hätte ich mir eigentlich denken können. Der war letztendlich an allem Unsinn in der Schule beteiligt, sofern er ordentlich mit Krach zu tun hatte.

„Jetzt fahr ich die Anlage mal richtig hoch!" hörte ich Berni rufen. Wenn er so begeistert und überdreht klang, war das meistens kein gutes Zeichen. Außerdem:

Redete er neuerdings mit sich selbst oder war er nicht alleine im Keller? Vielleicht hatte ihn Jessica ja doch noch rumbekommen.

Eine Frauenstimme kicherte. Inken! Berni und Inken im Darkroom? Ich beschleunigte meinen Schritt und erreichte die Kellertür.

Es brummte plötzlich in einer sehr niedrigen Frequenz, begleitet von starkem Rauschen. Berni rief „Spiel mal was!" In diesem Moment riss ich die Tür auf. Das Rauschen und Brummen wurden unerträglich.

Berni hatte seine Flöte in der Hand, an die er ein kleines Mikrofon angeschlossen hatte. Inkens Geige hatte er ebenso verkabelt. Auf dem Boden lag ein seltsam eingestaubtes Effektteil, an das er beide Instrumente angeschlossen hatte. Eingerahmt wurden beide von einer kleinen Beschallungsanlage. Beide verharrten in ihrer Bewegung und blickten wie ein Hund, den man beim Einbruch in die Speisekammer erwischt hatte.

„Seid ihr bescheuert?" fragte ich sachlich in die Runde.

„Wieso?" fragte Berni und blickte dabei relativ verständnislos.

„Wollt ihr Euch in einem Selbstversuch gegenseitig die inneren Organe zum Platzen bringen oder was soll euer Versuchsaufbau hier im Darkroom?"

„Berni hat ein neues Effektgerät gekauft!" fing Inken eine Erklärung der Situation an.

„Stellt doch bitte erst mal die Anlage ab, ich krieg Tinnitus!", versuchte ich, die Gesprächslautstärke ein wenig herunterzuschrauben.

Berni drückte wortlos einen Knopf und der Lärm verstummte.

„Danke!"

Berni schaute beleidigt zur Seite.

Es rauschte erneut. Ich schaute Berni vorwurfsvoll an. Doch der deutete nur stumm zum Abwasserrohr, das quer über eine der Wände verlief. Ich wartete die Rohrbombe schweigend ab, was eine Weile dauerte, da die Fließgeschwindigkeit in diesem alten Haus wegen niedrigem Rohrquerschnitt so langsam war, dass man den Weg der Ladung von einem Raumende zum anderen akustisch leicht nachvollziehen konnte.

„Schön, dass Berni ein Gitarreneffektgerät für eine Querflöte gekauft hat!", nahm ich die Diskussion wieder auf und tippte mir mit dem Finger an die Stirn.

„Wir wollen halt mal was total Abgefahrenes ausprobieren!", nahm ihn Inken in Schutz.

„Hast du je mal eine Querflöte gehört, die durch einen Verzerrer gejagt wurde? Oder eine Geige mit Wahwah-Sound?", fragte Berni voll Begeisterung.

„Nein! Und das ist auch gut so! Wisst ihr warum? Weil es Scheiße klingt!"

Wie zur Bestätigung wurde das Abwasserrohr nochmal nachgespült. Respekt! Ich dachte, dass ich der einzige im Haus bin, der mehrfach…

„Außerdem hat der Berni in der Zeitung mit privaten Kleinanzeigen noch was anderes Interessantes für dich gefunden!", versuchte Inken, die Lage zu deeskalieren, da Berni vor Wut schon ganz weiß im Gesicht wurde.

„Was denn bitte? Noten für Paukenorchester? Ein Netzteil für Blockflöte?"

„Nein, ein gebrauchtes Klavier!", sagte Inken und drehte nun auch ihren Kopf beleidigt zur Seite.

Ein gebrauchtes Klavier suchte ich in der Tat schon seit längerem. Zwar hatten wir oben ein Klavier, was jedoch so stark frequentiert war, dass wir dringend ein zweites brauchten.

„Das ist ja super, Berni! Zeig doch mal die Annonce!", rief ich Berni zu, der motzig die Kabel zusammenrollte. Doch er würdigte mich keines Blickes.

Nachdem ihm Inken gut zugeredet hatte, reichte er mir schweigend und ohne mich anzusehen die Zeitungsannonce herüber. Berni konnte eine ganz schöne Tunte sein! Der Zettel erinnerte mich daran, dass ich noch einen weiteren im Hemd hatte, den ich mir gleich ansehen wollte.

Gebrauchtes Klavier in Topzustand, nur zu Dekozwecken verwendet, günstig abzugeben.

Darunter eine Telefonnummer, die ganz in der Nähe sein musste. Ich rief kurzerhand von meinem Handy aus an.

„Halloooo?"
Was für eine Stimme, die Frau musste Sängerin sein. Die hatte in ihrem ´Halloooo´ mehr Erotik als alles andere. Wow!
„Hallo, ich rufe wegen der Anzeige an!"
„Wegen welcher Anzeige genau?", hauchte es in das andere Ende.
Wahrscheinlich löste sie ihren gesamten Hausstand auf.
„Wegen der Anzeige im Moselecho. Gebrauchtes Klavier..."
„Ach, wegen dem Klavier rufen Sie an, sagen sie das doch gleich!"
Wo war die Erotik geblieben? Schlagartig war sämtliche warme Färbung aus der Stimme verschwunden.
„Ist es noch zu haben?", fragte ich ebenfalls sachlich.
„Es ist noch zu haben. Sie können sich es gerne einmal ansehen, wie haben es in unseren Geschäftsräumen stehen!"
Eine Geschäftsfrau! Das würde ein hartes Stück Verhandlung bedeuten.

„Wann können wir es uns denn einmal ansehen?", fragte ich neugierig.

„Wenn es nicht unbedingt zu den Stoßzeiten sein muss, käme uns das sehr gelegen...", sagte sie mit einem leisen Kichern.

„Passt es ihnen direkt?"

„Das wäre perfekt, der Betrieb geht erst wieder heute Abend los! Ich erkläre ihnen mal, wie sie uns finden"

Ich schrieb mir Straße und Hausnummer auf und sagte, dass wir in einer guten Stunde da sein würden und legte auf.

„Wie jetzt, wir?", fragte Berni.

„Wer fährt denn mit?"

„Du, Berni! Hast ja bewiesen, dass du dich mit Secondhand-Schnäppchen bestens auskennst. Außerdem lade ich dich anschließend auf einen Kaffee ein!"

Berni maulte zwar ein wenig, war aber wegen des Kaffees dann doch bereit mitzufahren.

Hätte er gewusst, was ihn erwartet, wäre er sicher zu Hause geblieben.

Wir stiegen ins Auto und steuerten einen Ort in der Nähe an. Ich fuhr, während Berni meine Notizen des Telefonats vor sich hielt.

„Laacher-See-Straße 145!"

„Hier ist die 141, das muss irgendwo dahinten sein!"

Wir waren schon oft an diesem verkehrsreichen Ort gewesen, denn hier stand Costas Pommesbude, die um diese Zeit brechend voll war. Unzählige Male hatten wir hier zu Mittag gegessen.

Dabei gab es beste Unterhaltung, da sich direkt gegenüber der Dorfpuff befand. Der „fidele Burgfried" war ein Billigbordell, das viele Kunden aus dem Raum Koblenz an- bzw. auszog. Autokennzeichen von vor Ort waren dort niemals zu finden, wohl vor allem deshalb, weil die Kontroll- und Gerüchtegefahr durch den gegenüberliegenden Imbiss relativ hoch war.

Auch Berni und ich hatten uns, im Lokal sitzend, schon oft die armen Würste angeschaut, die verklemmt in den Burgfried gingen oder entspannt wieder herauskamen und uns einen Spaß daraus gemacht, sie durch unser Gegaffe nervös zu machen.

„Das muss irgendwo hinter dem Burgfried sein!", sagte ich und fuhr langsamer. Der Imbiss war mal wieder bis zum letzten Platz belegt und die üblichen Verdächtigen hatten zum Mittagessen Platz genommen. Als wir den Imbiss passierten, hob sich die Hälfte der Hände, um uns zu grüßen.

„Ich parke aber nicht in der Nähe vom Burgfried, sonst brauchen wir uns nie wieder im Imbiss sehen zu lassen!", sagte ich ängstlich zu Berni, der zustimmend nickte.

Wir fuhren am Burgfried vorbei.

„Du bist zu weit, hier ist schon 147!", rief Berni aufgeregt.

„Wo soll das denn sein, bitteschön? Guck doch mal richtig, ich dreh noch mal!"

Wir fuhren wieder zurück. Berni drückte die Nase an das Beifahrerfenster und scannte die Hausnummern. .

Wieder am Imbiss vorbei. Wieder gingen viele Arme hoch. Diesmal auch einige Köpfe, die uns nachschauten.

„Und, was ist, haste was gesehen?", fragte ich Berni ungeduldig.

„VOR dem Puff ist 143, HINTER dem Puff ist 147!"

„Und was heißt das jetzt?"

„Dass du die Adresse vom Puff bekommen hast! Da hat dich aber einer ordentlich veräppelt!"

„Stoßzeit!", rief ich laut und klopfte mir mit der flachen Hand vor die Stirn.

„Da hat uns keiner veräppelt! Das Ding steht im Puff! Jetzt weiß ich, was die gemeint hat! Ich dreh wieder rum!"

„Und wo parken wir?"

„Irgendwo hinter dem Burgfried, muss ich mal sehen!"

Wir passierten den Imbiss zum dritten Mal. Diesmal hoben sich fast alle Arme und Köpfe, begleitet von lautem Johlen und Applaus.

„Ich glaub, es ist denen aufgefallen, dass wir hier schon zum dritten Mal her fahren!", bemerkte Berni trocken.

„Schnellmerker! Ich hatte auch nicht vor, noch mal an dem Pack vorbeizufahren. Wir müssen in der Seitenstraße hinter dem Saftladen parken!"

Ohne zu Blinken bog ich von der viel befahrenen Hauptstraße in die Querstraße hinter dem „fidelen Burgfried" ein. Ich wollte den Imbissbesuchern keinen Hinweis darauf geben, wohin wir wollten.

Die dadurch fast ausgelöste Massenkarambolage und das damit verbundene Hupkonzert waren jedoch wenig unauffälliger als das Blinken. Jedenfalls wusste nun der gesamte Imbiss, dass wir abgebogen waren.

„Willst du uns umbringen?", fragte Berni bleich.

„Das machen unsere Frauen schon, wenn die hören, wo wir hingefahren sind! Stell dich nicht so an!"

Wir parkten eine Straße weiter und näherten uns von hinten der Laacher-See-Straße 145. Es war ein rotes Backsteingebäude mit einem kleinen bezinnten Türmchen an der Vorderseite, ganz wie ein Burgfried bei einer mittelalterlichen Festungsanlage.

„Warst du schon mal in ˋnem echten Puff?", fragte Berni, während wir uns weiter zu Fuß dem Etablissement näherten.

„Weder in einem echten, noch in einem unechten!" entgegnete ich, während ich permanent die Häuserlücken im Auge behielt, die den Blick auf den Imbiss freigaben. Sicherlich hockten diese Aasgeier jetzt bei Pommes und Bier und warteten nur darauf, uns blöd von der Seite anzusprechen. Genauso, wie wir es sonst taten.

„Hast du einen Plan, wie wir ungesehen rein kommen?", fragte Berni.

„ Das Ding hat doch sicher einen Hinterausgang!" flüsterte ich.

„Warum flüsterst Du?"

Das wusste ich selbst nicht. Wahrscheinlich war das die übersteigerte Aufregung. Einerseits, bei unserem Vorhaben nicht von den Pommesgeiern erwischt zu werden, andererseits endlich zu wissen, wie ein Puff von innen aussieht.

„Ist eigentlich ganz praktisch, dass wir da quasi dienstlich rein müssen!", flüsterte Berni.

„Hat mich nämlich immer schon interessiert, wie das da drinnen aussieht!"

„Du bist ekelhaft, Berni", entgegnete ich und freute mich, dass ich diesen Gedanken nicht alleine hatte.

Es war uns gelungen, ungesehen zum Hintereingang zu gelangen.

„Da ist er ja, der Aus-Puff", witzelte Berni in Anspielung auf einen alten Otto-Gag.

„Witz komm raus…", knurrte ich und holte mein Handy raus.

„Was hast du vor?"

„Bestimmt keine Pizza bestellen! Ich ruf im Burgfried an. Die sollen uns hinten rein lassen!"

„Machen die auf Nachfrage bestimmt häufiger", kicherte Berni.

Es klingelte. Zehn Mal. Keine Reaktion. Zwanzig Mal.

„Du rufst ja auch außerhalb der Geschlechtszeit an!", witzelte Berni.

Dann endlich meldete sich jemand.

„Hallo, ich bins nochmal. Wir kommen wegen dem Klavier! Ja, vor der Tür. Das heißt, hinterm Haus. Vorne? Geht nicht! Geht nicht der Hintereingang? Warum?"

Berni verfolgte mein Telefonat mit großen Augen.

„Ich melde mich nochmal!", sagte ich und legte auf.

„Was ist?", fragte Berni aufgeregt.

„Der Hinterausgang ist von innen zugemauert. Es gibt nur den Vordereingang! Da geh ich nicht rein. Vergiss es!"

„Stell dich doch nicht so an, was ist denn schon dabei? Wir wollen doch nur ein Klavier besichtigen. Ist doch nix dran!"

„Gut, Berni, wenn nichts dabei ist kannst DU ja durch den Vordereingang in den Puff gehen und dir das Klavier ansehen. War ja eh deine Zeitung!"

„Ist das Scheißklavier für mich oder Dich?" fauchte mich Berni an.

„Willst Du wissen, wie es in diesem gottverdammten Puff aussieht oder ich?", brüllte ich zurück. Berni schwieg.

So saßen wir gut fünf Minuten schweigend nebeneinander in einem Gebüsch und schwiegen uns an.

Mir fiel Simones Zettel ein. Um die Zeit zu überbrücken beschloss ich, ihren Materialzettel zu lesen. Ich klappte den Zettel auf und wurde schon bei der Überschrift kreidebleich. Simone hatte meinen Gag wirklich erraten und sich einen Ausdruck von einem Online-Lexikon angefertigt:

Arschgeige
Eine Arschgeige tauchte erstmals in der Zeit der Römer und Griechen auf. Wer sich eine solche Geige anfertigen möchte, sollte folgendermaßen vorgehen:

Sie brauchen eine Kugel, die etwa so groß ist wie eine Aprikose oder Zwetschge. Idealerweise ist sie aus Holz, hygienischer ist jedoch Metall oder Horn.
In diese Kugel bohren sie ein Loch.
Des weiteren brauchen Sie Haare aus einem Pferdeschweif, gut drei bis vier Dutzend. Diese Haare von gut 1,5 Meter Länge, führen sie durch das Loch und fixieren sie mit einem dicken Knoten, sodaß sie nicht mehr durch die Kugel rutschen.
Auf der Gegenseite machen sie eine Schlaufe, durch die sie Ihren dicken Zeh stecken. Nun müssen sie sich die Kugel nur noch rektal einführen, die Gesäßmuskulatur kontrahieren und die Pferdehaare mit dem ausgestreckten Bein unter Druck setzen.
Mit einem handelsüblichen Geigenbogen können Sie nun die selbst gebaute Arschgeige zum Schwingen bringen, was durch die Vibrationen zu einem sinnlichen Hochgenuß führt.

Wortlos ließ ich das Blatt zu Boden fallen.

„Berni, wir gehen vorne rein, ich habe eh nix mehr zu verlieren. All das, was mir bevorsteht, wird um einiges schlimmer sein, als das Gelaber vom Imbissvolk!
Berni strahlte von einem Ohr zum anderen und wir machten uns auf den Weg zu unserem ersten Puffbesuch.

„Lass uns so schnell und so unauffällig wie möglich um die Ecke huschen und dann rein!" sagte ich zu Berni und hob belehrend meinen Zeigefinger.
„Mensch Olli, die Welt dreht sich nicht nur um uns beide. Wahrscheinlich merkt im Imbiss keine Sau was und du bekommst ganz umsonst einen Herzkasper! Es fällt eher auf, wenn wir wie die Hirnverbrannten zum Eingang rennen. Wenn wir völlig locker…"
Ich packte ihn am Ärmel.
„Los, komm. Du gehst vor!"
Ich gab Berni einen kleinen Schubs und er stolperte um die Hausecke, die vom Imbiss einzusehen war.
Ein lautes Johlen und Beifallklatschen schallte vom Imbiss auf unsere Straßenseite herüber.
„Diese Aasgeier!", schimpfte ich leise.
Berni schien sich um das Aufsehen gar nicht so zu sorgen wie ich, schließlich wollte er nur ein Klavier besichtigen.
Er genoss sogar die Aufmerksamkeit und winkte Richtung Imbiss, grüßte überschwänglich die Leute, die wir kannten (Oh Gott, was waren noch viel mehr, als ich vermutet hatte) und gestikulierte in meine Richtung und wollte wohl, dass ich ihm nachfolge.
Das Imbissvolk riss vor Gegeier fast den gesamten Laden ab und hatte ihre rege Schadenfreude an unserer Dick und Doof-Einlage.

„Jetzt komm schon!", rief Berni und winkte wieder völlig übertrieben in meine Richtung. Einen Teufel würde ich tun. Mich hatte schließlich noch keiner gesehen. Tat mir zwar Leid für den armen Berni, aber es gibt Tage, an denen man gewinnt und Tage…

„Seid doch mal still", brüllte Berni gegen den Straßenlärm und das Gejohle an und unterstütze sein Anliegen dadurch, dass er mit der einen Hand beschwichtigende Bewegungen machte und mit der anderen Hand den Zeigefinger auf den Mund legte.

Mir brach der Schweiß aus. Hoffentlich würden sie weiter randalieren, weil eine Ansprache von Berni an das schadenfrohe Spannervolk das Allerletzte war, was ich jetzt gebrauchen konnte.

Doch da das Gesetz eines gewissen Herrn Murphy sagt, dass passiert, was passieren kann und zwar meistens dann, wenn man es nicht braucht. Und da Gesetze Gesetze heißen, weil sie planmäßig ablaufen, war es plötzlich totenstill. Unglücklicherweise fuhr nicht mal ein Auto vorbei. Nicht einmal mal ein Fahrrad. Das Schicksal meinte es nicht gut mit mir. Dankeschön!

„Nicht, dass ihr was Falsches denkt!", rief Berni über die Straße und zog einerseits das „a" in unnatürliche Länge und gleichzeitig die Augenbrauen so weit es ging in die Höhe.

Ein Lautes „Naaaaaaaaaaaaaaaaaaaaaain!", gefolgt von lautem Gelächter schallte als Antwort über die Straße.

„Aber mein Chef, Olli von der Musikschule Schütz und ich…"

Mir wurde schwarz vor Augen. Mein Magen fühlte sich an, als hätte jemand hinein getreten. Der Idiot!

„Olli, jetzt komm doch endlich!"

Ich würde ihn auf dem Nachhauseweg mit Hilfe der An-
hängerkupplung in die Stadt zurück schleifen…

„Ol-li, Ol-li, Ol-li" – Sprechchöre hallten durch den Ort.

Zerknirscht machte ich zwei Schritte nach vorne auf die
Bühne der 1000 Peinlichkeiten.

Lauter Jubel entbrannte im Imbiss. Wenn das mal bei
Konzerten der Fall wäre, dachte ich.

Berni schien sich sehr wohl im Rampenlicht zu fühlen,
denn stolz nahm er den Applaus für sein Meisterstück
entgegen.

„Gleich verbeugst Du Idiot von Puffmusiker dich bestimmt noch!", knurrte ich Berni an.

Doch Berni ließ das unberührt. Ich bedeutete der Menge,
sich wieder einzukriegen und mir einen Moment zuzuhö-
ren.

Schlagartig kehrte wieder Ruhe ein. Auch der Letzte
hing förmlich an meinen Lippen.

„Wir zwei wollen hier nur ein Klavier besichtigen!", rief
ich auf die andere Seite und zeigte mit einer Hand auf
den Burgfried.

Besser gesagt, wollte ich es sagen, weil nach dem Wort
´Klavier` das Imbissvolk völlig außer Kontrolle geriet.
Die einen schlugen wie von Sinnen, von Lachkrämpfen
geschüttelt, auf die Tische, andere wischten sich die Trä-
nen aus den Augen, wieder andere hielten sich den
Bauch.

„Jetzt braucht uns nix mehr peinlich zu sein", versicherte
mir Berni, während er seinen Arm auf meine Schulter
legte. Wie Recht er hatte.

„Jetzt, wo sie wissen, dass wir nur zum Klavierkaufen in
den Puff wollen! Das hast du echt gut hingekriegt! Respekt! Ehrlichkeit geht halt doch…"

Ich klopfte Berni still nickend auf die Hand und ging zum Eingang. Ich würde mir zu Hause Gedanken darüber machen, ob Berni das Gesagte ironisch oder ernst gemeint hatte. Im Moment war es mir relativ egal. Eigentlich war mir im Moment alles relativ egal. Bis zu dem Zeitpunkt, als uns nach energischem Klingeln endlich die Tür geöffnet wurde.

Insgeheim hatte ich gehofft, dass uns all die Schmach und Peinlichkeit dadurch vergolten werden würde, dass wenigstens ein knackiges Bunny im knappen Outfit sich die nächsten Minuten um uns und das Klavier kümmern würde. Zumindest hätten wir dann gewusst, wofür wir uns für alle Zeiten zum Horst gemacht hatten.
Aber Murphy ließ wieder grüßen.
„Was kann ich für euch beiden Süßen tun?", flötete eine dralle Mittfünfzigerin und lehnte sich lasziv an den Türrahmen. Sie versuchte es zumindest.
„Vielleicht einen Knopf von ihrer Bluse wieder zumachen?", fragte Berni und zwinkerte mir mit einem Auge zu.
In der Tat war das Dekolleté gewaltig – in die Länge gezogen und bot nur in Hinblick auf die Schwerkraft einen spannenden Einblick.
„Hast wohl Angst, dass Du bei soviel Weiblichkeit blind werden könntest, mein Junge?" lachte die Entspannungs-Servicekraft und brachte die ohnehin dürftig gesicherte Masse in gefährliche Wallung.
Eher, dass wir schwul werden könnten, dachte ich, behielt es aber für mich und sagte zeitgleich mit Berni „Genau".
Ein kurzer Blick zeigte uns, dass wir beide das Gleiche gedacht hatten.

„Eigentlich kommen wir ja wegen des Klaviers!", versuchte ich das Gespräch nicht unnötig in die Länge zu ziehen, da die Imbissfreunde mit wachsender Belustigung dem Schauspiel beiwohnten.

„Na, dann kommt mal rein in die gute Stube!", sprach sie und zog zuerst uns hinter sich her und danach die schwere Tür ins Schloss.

20 Dehnungsfuge

Durch die Tür hörten wir von draußen lauten Jubel und Klatschen. Costa hatte heute sicher den Umsatz des Jahres gemacht – auf unsere Kosten.

Obwohl ich noch nie selbst im Inneren des Burgfriedes gewesen war, wusste ich vom Hörentsagen, wie es dort in etwa aussah. Simone hatte als Mitarbeiterin des örtlichen Ordnungsamtes dort öfter dienstlich zu tun gehabt. Mehr als einmal brachte sie mir ihre tiefe Verachtung für all die Männer nahe, „die in so einen Saustall gehen!"

Die Teppiche waren genauso, wie sie mir Simone beschrieben hatte: Dunkelrot, plüschig und vor allem dreckig. Beim Darübergehen sank man fast bis zu den Knöcheln ein. Mir drängte sich dabei die Assoziation mit Gallert auf.

Generationen braver Puffbesucher hatten hier in gespannter Vorfreude auf dem Weg zur körperlichen und finanziellen Erleichterung ihre Spuren hinterlassen.

„Cooler Teppichboden!", hörte ich Berni hinter mir zur Servicekraft sagen.

Noch während ich mich umdrehte, hatte er sich bereits gebückt und fuhr mit der Hand über die speckige, klebrige und vor Staub starrende Bazillenschleuder. Dem ist auch nichts zu eklig, dachte ich.

„Was ist denn da drin?"

„Ich will es lieber nicht wissen!", zischte ich ihm zu.

„Tut mir leid, dass ich das sagen muss, aber Du bist echt ekelhaft, Berni.

„Das ist ein echter Perser!" belehrte uns die Mitarbeiterin.

„Ich hätte in diesem Etablissement eher einen echten Perversen erwartet" flüsterte mir Berni zu.

156

„Hinter mir läuft einer!" flüsterte ich zurück und bekam Bernis Ellenbogen zu spüren.

„Wir müssen rauf in den dritten Stock!" sagte die erfahrene Sekretjongleuse und wies mit ihrem Zeigefinger zur Treppe. Dabei klimperten ihre goldenen Armanhänger. Ich schmunzelte.

„Was gibt es denn da so blöd zu grinsen?" fragte sie ungehalten.
„Ich habe mir nur vorgestellt, wie schwierig es gewesen sein muss, das Klavier in den dritten Stock zu wuchten. Da brauchte man bestimmt eine Menge Zuhälter!" sagte ich trocken.
Berni wieherte wie ein Pferd.
„Ihr beiden habt wohl eine Clownfamilie gefrühstückt!" sagte sie mit einem künstlichen Lächeln und gab erst Berni, dann mir einen Knuff mit dem Ellenbogen.
„Wenn ihr schon vom Chef sprecht: DEN wollt ihr beiden Gestalten sicher nicht kennen lernen. Der frisst solche Würstchen wie euch mit einem Biss!"
Sie schritt die Treppe herauf und offenbarte Berni, der unmittelbar hinter ihr ging, tiefe Einblicke, die das Dekolleté um ein Weites übertrafen.
„Mannomannomann!" stammelte Berni immer wieder und schüttelte sich in regelmäßigen Abständen.

Im zweiten Stock hörte man eine tiefe Männerstimme, die laut und aufgeregt brüllte. Sie überschlug sich regelrecht.
„Der Chef!", sagte der Kopf unserer Bordell-Polonaise im Vorbeigehen und wies mit ihrem Haupt in die Richtung der Lärmquelle.

„Das Ordnungsamt ist mal wieder da. Irgendwas mit den Öffnungszeiten. Aber mit denen wird der Chef schon fertig!"

Schlagartig verließen mich meine Gesichtsmuskeln.

Ich merkte, wie sich die Lähmung auch auf meine Arme und Beine übertrug und ich wie versteinert auf der Treppe stand.

„Komm, Jungchen, nicht schlappmachen! Nur noch eine Etage!" ermutigte mich die Bardame.

Berni, der den Braten gerochen hatte, startete einen Beruhigungsversuch.

„Olli, das Ordnungsamt hat eine Reihe Mitarbeiter. Es muss nicht Simone sein, die hier ist! Mach dir keine Gedanken!"

„Es muss zwar nicht Simone sein, aber ihre Kollegen kennen mich auch alle! Das ist genauso schlimm! Wie soll ich das jemals erklären?"

Berni blickte mich fragend an und zuckte ratlos mit den Schultern.

„Am besten gar nicht! Jeder Erklärungsversuch würde es nur noch schlimmer machen!"

„Kommt ihr beiden?"

Ihr Ton wurde fordernder.

„Klar! Wir fliegen!" flötete Berni und ging wieder an seinen alten Platz hinter der gealterten Massagekraft. So schrecklich schien es dort doch nicht zu sein. Allerdings hatte auch ich in diesem Zusammenhang eine Assoziation mit Fliegen, wenngleich in anderem Zusammenhang.

Wir erreichten den dritten Stock.

„Hier ist das gute Stück!"

Sie öffnete eine Dachkammertür. Muffiger Geruch strömte uns entgegen. Wir verzogen beide das Gesicht.

Die Körperentspannungsdienstleisterin ging voran und betätigte einen Lichtschalter. Eine fünfundzwanzig-Watt-Funzel tauchte den Dachboden in ein schummeriges Halblicht.

Schemenhaft erschienen Plastikpalmen, ein Schlauchboot und Gerätschaften, die einem mittelalterlichen Folterknecht ein Dauerlächeln bereitet hätten.
„Das ist das Lager!", erklärte unsere Begleiterin.
„Hier lagern wir die Utensilien für unsere Mottoparties und unser SM-Sortiment. Wir haben die größte Auswahl an Sado-Maso in der ganzen Eifel!" sagte sie stolz.
„Ich werd bekloppt!", sagte Berni in Anspielung auf diese Art von Sexualpraktik und klopfte sich vor Lachen fast die Oberschenkel blau.
Scherzkeks!
Wir passierten eine mit Leder beschlagene Schaukel, ein mit Nägeln gespicktes schwarzes Andreaskreuz und eine Maschine, die wie ein Bohrstativ aussah.
„Hier ist sicher die Werkstatt?" fragte ich interessiert.
Die Dame lächelte verständnisvoll.
„Fast. Das ist unser Rektal-Dehner. Man muss nur.."
„Ist schon gut. Bitte keine Details! War nur eine Frage!"
Ich ging schnell weiter, während Flöten-Berni interessiert an der Apparatur herum werkelte.
„Hier steht das Klavier!" sagte sie nach ein paar Schritten und wies stolz auf ein von Holzwürmern zerfressenes Ungetüm.
Ein leises Summen erfüllte den Dachboden. Berni hatte den Schalter gefunden und betrachtete begeistert die Maschine.
Das Klavier bot im Gegensatz dazu einen jämmerlichen Anblick. Die untere Frontplatte war eingetreten. Einige

Tasten fehlten ganz, bei anderen war die elfenbeinerne Beschichtung abgeplatzt. Das komplette Instrument war mit Kratzern und Flecken übersät. Ganz SM, dachte ich.

„Nicht schlecht, was? Probieren Sie doch mal, wie es klingt", ermutigte mich die Fleischfachverkäuferin.

Sie griff hinter sich und stellte mir einen Schemel ans Klavier, der in der Mitte ein kreisrundes Loch aufwies.

„Nehmen Sie Platz!"

„Auch SM?" fragte ich, während ich mich setzte.

„Nein", entgegnete sie und lachte herzhaft.

„Bis vor kurzem haben wir die Mutter vom Chef gepflegt. Das ist ihr alter WC-Stuhl!"

Auch ich musste lachen.

Ich testete vorsichtig einige Töne.

„Nicht, dass ich eine ahnungslose Maus erschlage, die auf den Hämmerchen schläft!", kicherte ich.

Die Töne waren zwar fürchterlich verstimmt, hatten aber einen sehr runden und warmen Klang, der mich irgendwie einnahm.

Davon ermutigt, griff ich beherzter in die Tasten, sodass selbst Berni von seiner Maschine abließ und zu uns ans Klavier kam.

Passend zum `Honky-Tonk-Sound´ spielte ich den Root-Beer-Rag von Billy Joel. Der riss unsere Freundin derartig mit, dass sie sich den ahnungslosen Berni schnappte und ihn zum Tanzen animierte. Zur Musik drehten sie rasant große Kreise über den Dachboden.

Alles drehte sich. Die Plastikpalmen, das Andreaskreuz, die Dehnungsmaschine. Alles schien aus den (Dehnungs-) fugen zu geraten. Meine Musik wurde immer schneller und schneller. Zeit und Raum schienen sich dabei ebenfalls zu dehnen. Die Musik wurde zur

Teufelsfuge. Berni und die halbnackte Bardame wirbelten lachend wie von Sinnen immer schneller umher bis uns ein spitzer Schrei jäh aus dem Taumel riss.

Ich sprang auf. Ich schreckte regelrecht vom Klavier zurück als wäre es eine heiße Herdplatte. Berni und seine Tanzpartnerin stoben auseinander.
Im Halbdunkel erkannte ich in der Tür zwei Umrisse: Einen Riesen und eine kleinere Gestalt, die wohl eben gebrüllt hatte.
„Na, ihr habt ja einen Spaß!" sagte der Riese.
Das musste der Chef sein. Zumindest war es die Stimme, die wir eben schreien gehört hatten.
Berni war vom wirren Kreise drehen noch ganz benommen und torkelte über den Dachboden wie ein Leichtmatrose nach zwei Litern Rum. Seine Mittänzerin schmiegte sich unterdessen an den Riesen.

Die kleine Gestalt ging einige Schritte auf Berni zu und packte ihn am Kragen.
Zuhälter waren gefährlich und konnten schnell handgreiflich werden – hatte ich gehört. Das sind harte Typen.
„Sag, dass das nicht war ist, was ich hier sehe, Berni!" brüllte die kleine Gestalt.
„Simone! Du hier!" stammelte Berni.
„Na, wenn ich DAS Olli erzähle…", scherzte Berni und erntete dafür eine schallende Backpfeife.
Ich musste in die Offensive gehen. Wenn sie schon den harmlosen Berni misshandelte, wollte ich ihr jetzt besser nicht in die Fänge geraten.
„Ok, gute Frau", sagte ich mit fester Stimme Richtung Bardame.

„Wir kaufen das Klavier!"
Ich haute mit der flachen Hand einige Male auf das zerschundene Instrument.
Unter normalen Bedingungen hätte ich es nie gekauft, aber irgendwie musste ich aus der Sache heil rauskommen.

Sowohl Simone als auch der Lude ließen nicht mit sich spaßen und ließen sicher handfeste Folgen spürbar werden, wenn es sein musste.
„Aaaah, Simoneschätzchen!" sagte ich machohaft.
„Bist du auch dienstlich hier, wie Berni und ich?"
Großkotzig schritt ich sicheren Schrittes mit ausgebreiteten Armen auf sie zu.
„Das glaubst du doch selber nicht, du Puffpianist!"
Ich verharrte einen Augenblick.
„Eure Performance als Jopi Heesters für Arme und Paul Kuhn für Anfänger kannst Du deiner Oma als dienstlich verkaufen!"
„DIE würde es glauben!" motzte ich.

Sie schubste den noch immer verwirrten Berni ins Gummiboot und starrte mich böse an.
Davon unbeirrt wandte ich mich dem Herrn des Hauses zu.
„Was soll das gute Stück denn nun kosten?"
„Wir reden noch über das Klavier, oder?" fragte er und erntete nun auch einen bösen Blick meiner Frau.
Ich nickte.
„Wenn Du das Teil selbst abtransportierst, kannst du es für zwei Fünfziger haben!"

„Das ist doch ein Superpreis, oder?" rief ich versöhnlich in Simones Richtung. Doch die Mühe war vergebens, da sie sich ebenfalls dem Bordellchef zuwandte.

„Für mich gibt es hier nichts mehr zu sagen. Ich hoffe, Herr Kimmel, wir haben uns verstanden. Halten Sie sich endlich an die Öffnungszeiten. Sonst sehen wir uns schneller wieder, als Ihnen lieb ist!"
Der Wirt nickte.
Sie blickte zu mir herüber und sagte ebenso bestimmt:
„Wir sehen uns gleich zu Hause!"
Auch früher, als mir lieb ist, dachte ich.
Sie blickte noch einmal in die Runde und verschwand.
„Das riecht nach Ärger!", analysierte Berni scharf und knetete sein Kinn.
„Zuerst riecht es mal nach Arbeit. Denn irgendwie muss das Teil die Treppe herunter. Können wir es noch ein wenig stehen lassen?"
Der Wirt nickte.
„Aber bezahlt wird vorher. Dann könnt Ihr das Ding solange stehen lassen, wie Ihr wollt!"
„Allgemeine Geschäftspraxis!", lachte Berni.

Nachdem wir das Finanzielle abgewickelt hatten, begaben wir uns auf den Heimweg.
Wie Papst Benedikt, der auf den gefüllten Petersplatz der jubelnden Menge entgegen tritt, traten Bischof Berni und Benedetto Schütz vor die wartende Imbisspilgergemeinde.

Mittlerweile war es uns egal, dass sie lachten, klatschten, johlten und brüllten. Locker winkend wie zwei Popstars auf dem roten Teppich, schritten wir souverän die Parade ab.

„Und jetzt?", fragte Berni, als wir im Auto saßen.

„Jetzt", sagte ich, „jetzt muss ich erklären, was sich eigentlich nicht erklären lässt!"

21 Kunos Rache

Ich bog zur Hildegard-Knef-Straße ab. Während der Autofahrt hatte ich mir tausend Begründungen einfallen lassen, warum Berni und ich im fidelen Burgfried waren – und jede war unglaubwürdiger.

Da Simone noch ins Rathaus musste, war ich sicher vor ihr zu Hause.

Kurz vor unserem Haus begegnete mir ein Geflügellaster.

Seltsam, dachte ich noch. Ein Geflügellaster in einem reinen Wohngebiet…

Ein ungutes Gefühl beschlich mich.

Vor unserer Garageneinfahrt stapelten sich rund zwanzig große Holzkisten. Hatte Simone Wein bestellt?

Bei näherem Hinsehen erkannte ich schmale Schlitze, durch die sich aufgeregt kleine gelbe Schnäbelchen zwängten.

Der Geflügellaster!

Ich fuhr in den Hof. Hinter mir bog ein Motorrad in die Hildegard-Knef-Straße. Kalli!

Er bremste rasant und riss sich, noch während er zu den Holzkisten rannte, den Helm herunter.

„Klasse, die sind ja schon da!"

Ich atmete auf.

„Hallo Kalli! Die haben sich beim Anliefern in der Straße vertan, du wohnst doch ein Stück weiter!"

„Neenee, die sind schon richtig hier! Bin ich echt billig dran gekommen. Die sind der Versprochene Gegenwert für die zehn offenen Akkordeonstunden! Klasse, was!"

Wie Maren Gilzer in den 90er Quiz-Jahren wies er stolz auf die Kisten.

„Das sind fünfzig Legehühner. Das ist Superqualität! Da kannst Du lange suchen, bis…"

„Kalli! Was soll ich mit fünfzig Legehühnern! Du hättest mich vorher mal fragen können, oder? Aber nein, der Herr schleppt einen halben Streichelzoo an!"

„Hühner kann man immer brauchen!"

„Wenn man Platz hat, Kalli! Simone bringt mich um! Die hat für heute genug mit Vögeln!"

Kalli schaute ratlos.

Gemeinsam schwiegen wir ein Weilchen, um die Situation intellektuell zu durchdringen.

„Kannst du das Viehzeug nicht mit zu Dir nach Hause nehmen und für mich darauf aufpassen? Du wohnst doch direkt am Wald!", flehte ich.

„Eigentlich ja, aber es sind doch DEINE Hühner!"

„Kalli, das BLEIBEN sie doch auch! Ich komme sie regelmäßig besuchen. Weihnachten, Ostern und zum Geburtstag. Abgemacht?"

„Aber dann bekommst du wenigstens die Eier, die sie legen!"

Simone bog um die Ecke. Jetzt musste es schnell gehen.

„Ok, ok, abgemacht!", drängte ich.

„Aber jetzt nimm bitte den Krempel und schaff ihn weg!"

„Mit dem Motorrad?"

„Mein Gott, dann fährst du halt fünfundzwanzigmal! Ist doch wohl kein Problem! Sonst gurkst du doch auch den ganzen Tag in der Gegend rum!"

„Und die Umwelt?"

„Die wird den Hühnern sicherlich gefallen. Zeig ihnen doch mal das Walddenkmal!"

„Was ist das denn hier!", fragte Simone verständnislos und warf die Autotüre ins Schloss, als sollte sie auf der anderen Seite wieder hinaus fliegen.

„Reg dich bitte nicht auf! Kallis Hühner sind aus Versehen bei uns angeliefert worden! Er fährt sie sofort weg."

„Mit dem Motorrad?"

„Kalli zog die Augenbrauen hoch und blickte mich von unten nach oben an.

„Ja, mit dem Motorrad!" äffte ich sie nach.

„Wenn die Oma aus dem Kinderlied im Hühnerstall Motorrad fahren kann, werden fünfzig Legehühner ja wohl mit Kalli mal gerade um den Block fahren können!"

Simone lachte. Sie schien sich ein wenig abgeregt zu haben – was ich nutzen musste.

Ich erzählte Kalli scheinbar beiläufig von unserem Bordellerlebnis und hoffte, dass Simone so objektiv die Harmlosigkeit der Sache erfassen würde. Es funktionierte.

Keiner konnte so naive Fragen bis ins Detail stellen wir Kalli, so dass ich neben dem Hühnerbaron auch meine Frau überzeugen konnte, rein geschäftlich im Burgfried gewesen zu sein.

Gleichzeitig vermied ich jedwede Sympathie für die Gerätschaften auf dem Speicher zu zeigen. Nur so konnte ich sicher sein, dass Kallis nächstes Dankeschön keine Handschellen oder Intimklemmen waren.

Der Hühnertransport hatte gerade begonnen und wir waren kaum Haus, als ich doch noch meine Abreibung verpasst bekam – wenngleich milder als vorgesehen.

„Statt in irgendwelchen Lokalen Klaviere zu besichtigen solltest Du lieber das Musikschulkonzert planen!"

Musikschulkonzert! Was gab es da schon zu planen? Das lief fast von alleine, dachte ich. Alles war ganz simpel: Die Lehrer üben einige Stücke mit ihren Schülern und spielten diese dann anderen Kindern und ihren Eltern vor. Punkt.

„Simönchen, das hab ich doch alles schon von langer Hand geplant!", log ich. Natürlich hatte ich mir darüber noch keine Gedanken gemacht.

„Wann soll es denn sein?", fragte sie misstrauisch.

Gute Frage. Wir hatten Ende Oktober, ein gewisser Vorlauf musste sein…

„Dezember! Als Adventskonzert!"

Puh. Zeit gewonnen!

„Und wo? In der Zeit ist veranstaltungstechnisch eine Menge los. Ich hoffe, Du hast bereits was reserviert!"

Oh Gott! Gott? Klar! Das war´s!

„Die Kirche in Belmersee!"

„Die alte Klosterkirche?"

„Jap!"

„Die hast DU dafür bekommen? Die Pfarrerin ist doch sonst sehr wählerisch!"

Die WÜRDE ich noch dafür bekommen. Irgendwie…

„Ja genau!"

„Na, ich bin gespannt! Und welche Schüler sollen da auftreten?"

Sind wir in der Quiz-Show? Mächtig Stimmung machte ja immer die Schlagzeugklasse…

„Aber bitte kein Schlagzeug in so einer Umgebung. Auch keine E-Gitarre!"

Schade. Dann fiel die Schülerband auch raus.

„Am Besten nur Geige, Gitarre, Gesang…"

„Gorgel?", fragte ich.

„Genau!", lachte Simone.

168

„Und Glavier, Gwerflöte und…"

„Glarinette!", schrie Simone vor Lachen.

„Ich freu mich schon drauf!"

Ich freute mich nicht wirklich drauf. Die Schüler dieser Instrumente spielten überwiegend erst seit einem Jahr. Ich sah das Konzert schon vor dem inneren Auge: „Meine Damen und Herren, Malte spielt nun den Ton `g` auf der Geige. Bravo! Jetzt spielt Sören den Ton `g` auf der Gitarre! Klasse!"

Das Konzert war an Spannung nicht zu überbieten und sicher selbst für die Eltern der kleinen Künstler grenzwertig. Was wäre wohl spannender? Freie Improvisation mit dem Demenzorchester Mitteleifel?

„Ich habe übrigens eben Deine Einkaufsliste gesehen!" sagte ich.

„Ich bin ja stolz auf Deine Recherchen und darauf, dass du den Arschgeigen-Gag durchschaut hast, aber Du willst doch nicht im Ernst, dass ich eine Arschgeige auf dem Kirchenkonzert vorführe?"

Sie schaute ernst.

„Es ist zwar eine evangelische Kirche, aber ich glaube kaum, dass ich dort einen Selbstbau-Darm-Resonator vorführen kann. Das will ich auch nicht! Außerdem fängt er nicht mit `g` an!"

„DU hast doch gesagt, dass du das Instrument vorführst!"

„Aber es war doch ein Scherz!" beschwor ich sie eindringlich.

„Pacta sunt servanda! Versprochen ist versprochen! Du kannst ja statt der Holzkugel eine Christbaumkugel nehmen. Ist adventlicher!"

Sie lachte laut und freute sich über meine Hilflosigkeit.

Mir war gar nicht nach Lachen. In Gedanken malte ich mir das Szenario aus:
„Wir sagen Euch an den lieben Advent, freut Euch, denn Ollis Popo brennt…
Versunken blickte ich vor mich hin.
„Olli?"
Keine Reaktion.
„Olli, es war ein Scherz! Ich wollte dir nur zeigen, wie man sich fühlt, wenn man so böse verulkt wird!"
Ich schaute sie an.
„In echt?"
Ein Lächeln huschte über meine Lippen.
„In echt!", sagte sie und nahm mich in den Arm.
„Aber wenn ich Berni und dich noch einmal im Burgfried sehe, könnt ihr beide im Duett geigen!"

Der nächste Morgen begann unspektakulär. Zunächst. Es war 8.30 Uhr. Wir saßen beim Frühstück – Simone und ich am Tisch, Frau Schliemann gierig davor. Sie liebte Eier. Daher war es schon zum Ritual geworden, dass unser Hund je ein halbes Frühstücksei bekam.
Es läutete.
Auf dem Weg zur Tür hörte ich, dass ein Motorrad gestartet wurde. Ich öffnete und erstarrte.
Vor der Tür standen zwei Paletten Hühnereier.
„Deine Eier!", rief Kalli, während er das Motorrad auf die Straße schob.
„Frisch aus Deinen Hühnern! Die sind bestimmt noch heiß!"
„Kalli, ich fass es nicht!"
„Ist schon ok! Danke reicht! Die bringe ich dir jetzt jeden Morgen vorbei! Dafür sind Freunde doch da!"

Bevor ich etwas entgegnen konnte, war er verschwunden. Nur noch der Benzingeruch und die beiden Paletten deuteten darauf hin, dass Kalli hier gewesen war.

„Wer war das denn?", rief Simone ungeduldig aus der Küche.

„Die Eier sind gar!"

„Ich schleppte die fünfzig Eier in die Küche und stellte sie auf der Spüle ab.

Verständnislose Augen meiner Frau und unendlich gierige Augen unseres Hundes verfolgten mich wortlos.

„Frau Schliemann mag doch so gerne Eier!"

Meine leidgeprüfte Ehefrau schaute mich an und trommelte mit den Fingern auf dem Küchentisch.

„Kalli hat sie mir geschenkt!"

Schweigen.

„Fünfzig Eier?"

Fragend blickte sie mich an.

„Vielleicht kann man sie ja einfrieren?"

Simone stand auf.

„Wenn Kalli dir noch zehn Kilo Pilze dazu schenkt, kannst Du ein Omelette machen, dass die ganze Straße satt macht! Ihr seid doch bekloppt!"

„Kalli ist bekloppt!"

„Dann lass dir endlich Geld für die Stunden geben und keinen anderen Mist!"

„Simone!"

„Nix Simone! Hinter dem Haus stapelt sich das Buchenholz, wir haben noch immer keinen Ofen und jetzt sind wir stolze Besitzer von fünfzig Eiern! Wer soll die essen?"

Mein Handy klingelte. Glück gehabt!

Andrew hatte ein Problem mit der Ausländerbehörde und brauchte einen Nachweis über seine Anstellung.

„Simone, ich muss kurz ins Büro!", sprach ich und beendete damit vorzeitig unsere Eier-Diskussion. Ich stürmte zur Tür.

„Heute Abend sind die Eier weg!" rief sie hinter mir her. Ich machte Kehrt und nahm die beiden Paletten an mich.

„Die sind sogar jetzt schon weg!" sagte ich stolz und verließ mit meinem Geschenk das Haus. Ich hatte eine Idee.

Auf dem Weg zur Musikschule fuhr ich bei meiner Großmutter vorbei. Sie war Bestandteil meines Eierplanes.

„Dass ich das noch erleben durfte! Ich dachte, wir sehen uns erst bei meiner Beerdigung wieder", sagte sie für gewöhnlich, wenn ich sie besuchte. Damit wies sie auf ihre Art darauf hin, dass sie ruhig öfter aufsuchen könnte.

Heute war es anders.

„Eier?", fragte sie überrascht.

„Gut geraten, Oma! Beim nächsten Mal bringe ich was Schwierigeres mit!" ulkte ich.

„Blödsinn! Das nächste Mal sehen wir uns eh erst bei…"

„Kannst du mir aus den Eiern Waffeln machen?"

„Aus allen Eiern? Damit kannst du einen ganzen Beerdigungskaffee versorgen! Was willst du damit?"

„Das ist ein neuer Service für unsere Schüler! Nachmittags bekommt jetzt jeder eine Waffel!"

„Was kriege ich denn dafür?" fragte sie.

Daher hatte ich also meinen Geschäftssinn geerbt!

Der Hintergrund ihrer Frage war mir klar. Daher tat ich ihr den Gefallen:

„Ich besuche dich täglich, da ich in Zukunft jeden Tag 50 frische Eier zu erwarten habe!"

Sie überlegte kurz.

„Abgemacht. Du kannst die heute Mittag abholen!"

Zufrieden mit meinem Eier-Krisenmanagement fuhr ich zur Schule und stellte Andrew seine Bescheinigung aus.
Die Tür öffnete sich.
Ein weißhaariger Greis streckte mir freundlich seine Hand entgegen. Irgendwoher kannte ich ihn. Aber ich konnte mich beim besten Willen nicht erinnern.
„Hartmann!" stellte er sich vor.
Ich blickte ihn ratlos an.
„Kuno Hartmann! Der Hauptgewinn!"
JETZT fiel der Cent. Der neunzigjährige Gewinner unserer Oktoberfest-Tombola.
„Schön, Sie zu sehen, Herr Hartmann!", heuchelte ich.
Sicher wollte er die gewonnenen Musikstunden auf ein Ur-Enkelkind übertragen lassen. Doch den Zahn würde ich ihm ziehen!
„Ich habe eine Frage zu meinem Gewinn!" kam er ohne Umschweife zur Sache. Wusste ich es doch!
„Kann man den Klavierunterricht übertragen auf…"
„Aus-ge-schlossen!" fiel ich ihm ins Wort.
Er stutzte.
„Schade, ich hätte so gerne Kirchenorgel statt Klavier gespielt!"
„Sie wollen den Unterricht selbst nehmen? Mit neunzig Jahren?"
„Sicher! Das ist eine Fügung des Schicksals! Eigentlich geht es ja um meinen Nachbarn Heinz!"
„Der Kausalzusammenhang erschließt sich mir nicht ganz, Herr Hartmann!", sagte ich mit fragendem Blick.

„Der Heinz und ich waren ein Leben lang befreundet. Wir haben gemeinsam die Schulbank und die ersten Mädels gedrückt. Wir haben später im Krieg…"

„Herr Hartmann", unterbrach ich ihn.

„Das ist sehr interessant, aber was hat das mit Ihrem Orgelunterricht zu tun?"

„Der Heinz und ich haben uns vor zwei Jahren am Gartenzaun gezofft. Eigentlich eine Lappalie. Der starrsinnige alte Sack! Seitdem reden wir nicht mehr miteinander!"

Er blickte zornig.

„Und?"

„Der Heinz hat mir im voraus verboten, zu seiner Beerdigung zu gehen, wenn er vor mir stirbt. Würde ich auch nie hingehen! Der sture Hund!"

„Und?"

„Wenn ich bis dahin Orgel spielen könnte, würde ich dem alten Stinksack einen gehörigen Strich durch die Rechnung machen! Ich wäre doch auf seiner Beerdigung und hätte bei seinem Abgang alle Fäden in der Hand!"

Er bekam einen Lachanfall und hustete dabei weiße Schleimkügelchen auf meine Schreibtischunterlage.

Die Story war mächtig abgefahren. Allein für den Spaß an der Sache schlug ich ein.

„Um welche Kirchengemeinde geht es eigentlich?", fragte ich interessiert.

„Belmersee!", sagte Kuno, während er sich den Mund abwischte.

„Und wie wollen Sie die Pfarrerin dazu bekommen, dass gerade SIE die Orgel spielen? Die soll doch sehr schwierig sein!", fragte ich neugierig.

Kuno zog mich an sich ran und flüsterte:

„Sie ist meine Schwiegertochter!"

Ein weiterer feuchter Lachanfall folgte. Diesmal in mein Gesicht. Widerlich!

Immerhin hatte ich jemanden, der mir die Kirche für unser Konzert besorgen konnte!

„So weit, so gut, Herr Hartmann! Aber was macht Sie so sicher, dass SIE Heinz überleben und nicht umgekehrt?"

Kuno schlug mit der Hand auf den Tisch.

„Mein eiserner Wille! Außerdem ist der Heinz ein alter Mann, der wird nächste Woche schon dreiundneunzig!"

Wir vereinbarten einen Termin für seine erste Orgel-stunde. Kuno wollte den Schlüssel besorgen.

„Aber kein Kirchengedudel!", rief mir der Orgel-Opa nach, während ich ins Auto stieg, um zu meiner Groß-mutter zu fahren.

„Heinz hasst Seemannslieder! Da lässt sich doch sicher was machen, oder?"

„Klar!", sagte ich und setzte mich kopfschüttelnd ins Auto.

„Achtzig Waffeln haben die Eier ergeben!" sagte Oma Trude und stellte mir stolz einen Wäschekorb voller Waffeln vor die Nase.

„Ich habe sie geschmacklich etwas verfeinert, so wie Opa Hubert sie immer mochte!"

Opa Hubert kannte ich zwar nur aus Erzählungen, wuss-te aber, dass er sinnlichen Genüssen gegenüber stets of-fen war. Daher war Omas Waffeltuning sicherlich nicht zum Nachteil geschehen.

Nach kurzem Smalltalk verlud ich die veredelten Eier ins Auto und verabschiedete mich bis zum anderen Morgen.

„Und noch mal Dankeschön, Oma!"

„Wofür? Hauptsache, du kommst morgen wieder vorbei!" strahlte sie und klopfte mir auf den Kopf. Genauso,
wie sie es früher schon getan hatte, wenn sie mich zum
Kindergartenbus gebracht hatte.

Endlich ein Deal, bei dem beide Seiten profitieren, dachte ich. Falsch gedacht!

22 Einen an der Waffel

In jedes Unterrichtszimmer hatte ich einen Teller mit Omas Waffeln gestellt. Auch in die Küche, damit sich die Lehrer in der Pause mit dem köstlichen Gebäck versorgen konnten.

Sie waren ein voller Erfolg!

„Wahnsinn! Die Unterrichtsatmosphäre ist schlagartig lockerer!", sprach mich Rollo begeistert an.

„Meine Schlagzeugschüler fahren richtig auf die Dinger ab! Als wenn es Space-Cakes wären…"

Verständnislos sah ich unseren Trommelkünstler an.

„Rollo, die hat meine Oma gebacken! Sie hat sie zwar verfeinert, aber bestimmt nicht mit Haschisch! Die schmecken auch so einfach gut!"

Rollo zog sich ein Augenlid bis fast zur Nase herunter und sagte leise:

„Hat Deine Oma gebacken. Jaja. Aber ist ja auch egal! Hauptsache, du bringst die Dinger jetzt öfters mit!"

Aus dem Schlagzeugkeller schallte albernes Gelächter.

„Ich muss mal wieder runter! Die sind mir heute ein wenig zu gut drauf!", sprach er und eilte mit großen Schritten ins Untergeschoss.

Ich ging in die Küche, um mir einen Kaffee zu kochen. Dort hatte es sich Inken mit dem Waffelteller gemütlich gemacht.

„Was ist heute nur mit den Schülern los?" schmatzte sie.

„Das fluppt wie ein Lottchen!"

Eine weitere Waffel verschwand in ihrem Schlund.

„Die mögen einfach Omas Waffeln. Trude verleiht Flügel!"

Sie lächelte kauend.

„Bist Du für heute mit Schülern durch?"

„Nein!"
Kauen.
„Es haben zwei…"
Kauen und Schlucken.
„… Schüler abgesagt!"
Sie erstickte fast.
„Eine kommt noch um 18.00 Uhr!"
Ihre Finger tasteten nach einer neuen Waffel.
„Dann lass´ dich mal nicht stören! Ich gehe mal Andrew besuchen!"
Sie nickte wie ein kauender Kugelfisch.
An diesen Fress-Flashs sollte sie arbeiten, weil sie sonst irgendwann ihre Geige bequem mit dem Nackenspeck halten konnte.

Schon auf dem Weg zum Gitarrenzimmer hörte ich ein Kind weinen.
„Nein! Neeiiiin, nicht die Schere! Hilfe! Bitte! Neiiii-iin!"
Schnell öffnete ich die Tür. Mir bot sich ein Bild des Schreckens:
Andrews Schüler, der achtjährige Jan Pulver, hing halb auf dem Gitarrenstuhl, halb auf der Erde. Sein Instrument war zu Boden gefallen und hatte dabei den Notenständer umgerissen, der in die Yukkapalme gefallen war.
Mit der linken wild in der Luft rudernd, war der arme Jan mit der rechten Hand fest in Andrews Klammergriff.
Der hatte eine kleine Nagelschere gezückt und redete auf seinen verstörten Schüler ein.
„Ik hab es Dir gesakt! Wenn Nägel sind zu lang, ich kürze in Stunde!"
Jan wehrte sich, als ginge es um Leben und Tod.

Andrew schien schon etappenweise erfolgreich gewesen zu sein, da drei kleine Fingernägel wie Trophäen auf dem Tisch lagen.

„Was macht ihr denn für Spielchen?", versuchte ich möglichst entspannt zu klingen.

„Der schneidet mir die Fingernägel!" brüllte Jan und riss sich los.

„Ik hab es dir gesakt!" schimpfte Andrew und hob schulmeisterlich seinen rechten Zeigefinger.

„Vieeel zu lang für playing the guitar!"

„Komm, Jan, iss erst mal eine Waffel!" beruhigte ich den kleinen Musiker.

Jan griff beherzt zu. Unendlich dankbar, Andrew mit den Scherenhänden entkommen zu sein.

„Was sollen wir jetzt machen?", fragte ich Jan nach einer Weile.

„Sollen wir die drei abgeschnittenen Nägel wieder ankleben? Oder sollen wir die restlichen zwei auch abschneiden? SO sieht das doch total doof aus, oder?"

Der Beschnittene überlegte.

„Aber DER schneidet mir die nicht ab!"

Er wies mit dem Kopf zu Andrew, der beleidigt aus dem Fenster blickte.

„Nee, Jan! Keine Angst. Ich mach das! Iss erst mal noch eine Waffel!"

Nachdem er seine vierte Waffel verputzt hatte, schnitt ich die verbliebenen beiden Nägel ab und legte sie zu den anderen Beweisstücken auf den Tisch.

„Ich spiele nieee wieder Gitarre! Nie wieder!"

Klasse, Andrew! Das Kind hatte ein Gitarrentrauma!

„Du kannst froh sein, dass Du kein Orgelschüler bist!" scherzte ich.

Jan überlegte kurz.

„Wieso?"

„Weil man die Orgel auch mit den Füßen spielt und ich dir dann bestimmt auch die Fußnägel geschnitten hätte!"

Jan blickte mich mit großen, fast ängstlichen Augen an. Dann die Schere, seine Füße und die fünf Reliquien auf dem Tisch.

Andrew lachte leise.

„Und jetzt macht ihr schön mit eurer Stunde weiter, oder?" fragte ich.

Jan blickte immer noch finster auf die Fingernägel.

„Ich bringe euch beiden auch ein großes Eis, wenn ihr jetzt schön weiter übt und wenn du vor allem Deiner Mama nichts sagst!"

Jan strahlte.

Wie eine Rakete stürzte er sich auf seine Kindergitarre und spielte seine Hausaufgaben vor.

„Pädagogisch wertvoll!", sagte ich zu Andrew.

„Dann gehe ich mal das Eis holen!"

Sicher würde die verfressene Inken auch ein Eis haben wollen, wenn sie mich mit den anderen Portionen sah. Daher holte ich gleich vier Eisbecher. Für Andrew, Inken, Jan und mich.

Als ich in die Küche kam, erschrak ich:

Inken lag mit ihrem Oberkörper neben dem leeren Waffelteller und rührte sich nicht. Ein leises Schnarchen klang durch die Küche.

„Überfressen!" sagte ich leise und brachte ihre Portion zu Rollo in den Keller.

Wider Erwarten kam aus dem Gitarrenzimmer keine Musik. Nur leichtes Wimmern war zu hören.

Nach dem Öffnen der Tür bot sich ein ähnliches Bild wie kurz zuvor: Jan hing halb auf dem Stuhl, halb auf der

Erde. Die Gitarre lag auf dem Boden. Andrew lief besorgt auf und ab.

„Mir ist so schwindelig!" stammelte der leichenblasse Jan.

Ich erschrak.

Irgendwas musste mit den Waffeln sein. Vielleicht hatte Kalli meine Hühner mit Hanf gefüttert! Jedenfalls waren die Ausfallerscheinungen nicht normal. Selbst sein Eis wollte Jan nicht essen.

„Du setzt Dich besser was an die frische Luft, bis Deine Mutter Dich abholt!" riet ich dem Jungen.

„Das ist Kreislaufwetter! Da muss man aufpassen! Auch in jungen Jahren!"

Andrew nickte und stützte Jan, der mit federndem Gang unsicher neben ihm her dackelte, zur Tür.

Ich machte mich gleich auf den Weg zu Kalli, um der euphorisierenden Wirkung der Space-Waffeln auf die Spur zu kommen.

Mein Handy klingelte.

Oma! Auch das noch!

„Hallo Oma! Ich hab grad keine…"

„Du hast NIE Zeit! Ich will nix Besonderes! Es geht nur um Deine Waffeln. Kannst Du mir für morgen noch ein paar Zutaten einkaufen?"

„Sicher, was brauchst Du denn?"

„Nicht viel: Zwei Kilo Mehl, Puderzucker und drei Flaschen Eierlikör und zwei Flaschen Kirschwasser!"

„Hast Du noch eine Seniorenparty, oder was willst Du mit dem ganzen Alk?" witzelte ich.

„Quatsch, Party! Das kommt in die Waffeln. Was meinst Du denn, warum die Opa Hubert immer so gut geschmeckt haben!"

Mir wurde schwindelig.

Jetzt war klar, warum die Waffeln so umwerfend ankamen.

Das Thema Waffeln war damit erledigt. Aber was sollte ich mit den nächsten 50 Eiern tun?

23   „Schöne Bescherung!"

Das Konzert rückte näher und näher.

Kuno Hartmann war mir bei der Anmietung der Kirche eine große Hilfe gewesen. Seine Tochter hatte zwar zunächst Zweifel gehabt. Aber nachdem ihr Kuno stolz erzählt hatte, dass auch er mitwirken würde, hatte sie ja gesagt.

„WAS haben Sie Ihrer Tochter gesagt?" fragte ich den Orgel-Greis fassungslos.

„Wir haben heute unsere erste Orgelstunde! Da müsste schon ein Wunder geschehen, wenn wir bis Dezember ein Lied hin bekommen!"

Kuno lächelte, während er den großen Kirchenschlüssel umdrehte.

„Und Seemannslieder brauchen wir da auch nicht zu spielen!"

Kuno lächelte noch immer und öffnete das große Kirchportal. Dann blickte er mich an.

„Jingle bells!"

Jingle bells! Na klar! Sonst noch was?

„Probieren können wir es!" wiegte ich ihn zunächst in Sicherheit. Ich wollte die Kirche als Konzertraum nicht durch einen Streit mit Kuno gefährden. Das Beispiel Heinz zeigte, dass dies schnell und nachdringlich der Fall sein konnte.

„Als Kind habe ich hier für den Organisten die Blasebälge getreten!" sprach er und winkte mich hinter sich her.

Wir bestiegen den Turm und erreichten einen kleinen Raum neben der Orgel.

Dort war im Halbdunkel eine hölzerne Apparatur zu sehen, die an einen Step-Trainer im Fitness-Studio erinnerte.

„Während ich hier getrampelt habe, war der Heinz für das Glockengeläut zuständig. Für so was Primitives konnte man den groben, unmusikalischen Sack gut brauchen!"

„Aber heute funktioniert ja beides dank Elektromotor ohne Kraftanstrengung!" bemerkte ich.

„Läuten kann man heute sogar von der Orgel aus."

Er nickte.

„Gehen wir jetzt zur Orgel? Ich bin sehr gespannt, wie das klappt!"

Wir betraten die kleine Orgelempore. Kuno ging ein paar Schritte und hielt plötzlich inne, wie vom Blitz getroffen. Klasse, dachte ich. Herzinfarkt! Das immer mir so was…

„Was sind das denn für Tasten da unten?"

„Pedale, Herr Hartmann. Orgel spielt man auch mit den Füßen! Ich hoffe, das ist kein Hinderungsgrund für Sie?"

Kuno schwieg nachdenklich.

„Herr Hartmann?"

Wortlos griff Kuno nach einem kleinen Schraubenzieher, der auf dem Spieltisch lag. Wahrscheinlich hatte der Organist damit die Traktur nachgestellt.

Kuno blickte mich ernst an. Gleichzeitig hob er den Arm mit dem Schraubenzieher.

„Herr Hartmann!" fuhr ich ihn an.

Der alte Mann jagte sich den Schraubenzieher in den Oberschenkel und verzog keine Miene. Wir blickten uns an. Der musste völlig durchgeknallt sein.

„Holzbein!" sagte Kuno trocken und verfiel in seinen feuchten Lach-Husten.

„Ardennen!"

Ich atmete auf und zwang mich zu einem Lächeln.

„Das ist kein Problem. Dann müssen die Hände ein wenig mehr ran!" beruhigte ich ihn.

Seine erste Orgelstunde verlief weitgehend harmonisch, wenn man vom Musikalischen absieht.

Kuno stellte sich mit den Händen sehr geschickt ein. Sein Bein jedoch verklemmte sich mehrmals in den Pedalen.

Nach der Stunde ließ ich ihn in der Kirche zurück, da er noch üben wollte. Vielleicht wurde es doch noch etwas mit seinem Auftritt, denn einen eisernen Willen hatte er ja.

In den folgenden Wochen liefen die Vorbereitungen auf Hochtouren.

„Hast Du die Presse bestellt?", fragte mich Simone am Morgen des Konzertes.

„Klar! Sogar zwei Zeitungen und das Eifel-Mosel-TV!" Diesmal hatte ich vorgesorgt!

„Ist die Kirche schon geschmückt?"

„Wollen wir noch mal heiraten oder ein Konzert ausrichten?", fragte ich.

Sie schaute verständnislos.

„Ein paar Zweige oder Christbaumkugeln wirst du doch wohl besorgt haben!"

Diesmal schaute ich verständnislos.

„Nööö?" sagte ich unsicher.

„Heute brauchst du auch keine mehr zu besorgen, denn es ist Sonntag! Da wirst du wohl unseren Baumschmuck nehmen müssen!" motzte sie.

„Die Kirche ist riesig!" sagte ich.

„Dann musst du wohl alles mitnehmen, was wir haben! Den Sachen passiert ja nichts!"

Toll! Nicht nur, dass ich den eingemotteten Weihnachtskram vom Speicher holen musste. Ich durfte außerdem eine komplette Kirche damit ausstatten.

Nach einer guten Dreiviertelstunde war im mit dem ganzen Klitzerkram im Auto nach Belmersee unterwegs.

Leider war die Kirche noch verschlossen. Dennoch wollte ich den Schmuck schon einmal ausladen. Vielleicht kam in der Zwischenzeit der Küster.

Ich stellte alles vor das Kirchportal. Ein stattlicher Kartonberg türmte sich vor der Kirchentür.

Gerade, als ich mich auf den Weg zum Küster machen wollte, hörte ich, dass von innen ein Schlüssel ins Schloss gesteckt und umgedreht wurde.

Ich wollte irgendetwas rufen, brachte aber, starr vor Schreck, nichts hervor.

Mit Wucht wurde die Kirchentür geöffnet. Gleichzeitig packte eine kalte Winterböe die halbgeöffnete Tür und beschleunigte sie schlagartig.

Es gab einen Mächtigen Rumms. Die Kartons verteilten sich kreuz und quer vor der Kirche. Überall Scherben.

Aus der Tür blickte kreidebleich Kuno Hartmann. Er verharrte noch in derselben Position, in der ihm der Wind die Tür aus der Hand geschlagen hatte – mit ausgestreckter rechter Hand.

„Ich hab noch was geübt", stammelte er kleinlaut.

„So gut haben Sie `Jingle bells´ noch nie gespielt! Ich hab richtig die Glöckchen klingen gehört!" lobte ich ihn.

„Ja" sagte Kuno und lachte.

„Das hat ganz schön gescheppert!"

„Nichts gegen das, was hier passiert, wenn meine Frau das mitkriegt. Das war unser kompletter Weihnachtsschmuck!"

Er klopfte mir auf den Rücken.

„Jungchen, mach Dir keine Gedanken! Kuno Hartmann schaukelt das! Ich hab den ganzen Keller voll von dem

Kram! Die merkt das gar nicht. Ich brauch den ganzen Mist eh nicht mehr! Kannst du danach gerne behalten!"
Ungläubig schaute ich ihn an.

„Fahr mal ruhig heim und zieh Dich um. Ich schmücke das hier! Das wird noch viel schöner als gedacht! Vertrau mir!"
Sprach es und verschwand mit seinem Auto.
Ein ungutes Gefühl in der Magengegend begleitete mich nach Hause.
„Schon fertig?" fragte Simone.
„Die Schüler schmücken!" sagte ich und ging ins Bad.
„Ich dusche jetzt in Ruhe und dann fahren wir beide zur Kirche!"
Der Spaß konnte beginnen.

Simone und ich betraten die Kirche gut anderthalb Stunden später. In einer Stunde würde das Event beginnen.
Kuno hatte nicht gelogen. Er hatte in neunzig Lebensjahren eine Menge Weihnachtsdeko gesammelt.
Die karge evangelische Kirche erinnerte nun an eine orthodoxe Kathedrale.
Bunte, apfelsinengroße Kugeln leuchteten netzhautablösend durch die gesamte Kirche. Pink, türkis und metallicgrün waren die bestimmenden Farben.
An die Kirchenbänke hatte Kuno kleine Engelchen geklebt. Zumindest waren es wohl zu besseren Zeiten einmal welche. Sie waren ziemlich verschlissen und ließen ahnen, dass sie einmal bunt gewesen waren. Wahrscheinlich hatte sie Kuno schon zur Weihnachtsfeier im Schützengraben in den Ardennen dabeigehabt.
Ihre Haare erinnerten an Frisuren aus diversen Zombifilmen: So, wie eine Leiche aussieht, wenn man sie nach zwei Jahren wieder ausgräbt.

Hinter den beflügelten Zombis hatte Kuno verblichene Kunst-Tannenzweige drapiert, die er jeweils mit einem Büschel gebrauchtem, aufgebügeltem Lametta fixiert hatte.

Als Krönung hatte der Meister das schlichte Holzkreuz im Altarraum mit einer bunten Lichterkette behangen und auf die drei Enden bunte Christbaumspitzen gesteckt, die mit schwarzem Isolierband fixiert waren.

Die ersten Meter schritt Simone sprachlos mit geöffnetem Mund durch das Pop-Art-Gotteshaus. Ich konnte noch nicht recht einordnen, ob es maßloses Staunen oder blankes Entsetzen war. Drei Schritte weiter wusste ich es.

Als sie die Kunosche Kreuzgruppe sah, gellte ein spitzer Schrei durch das alte Gemäuer.

Bevor sie sich aufregen oder in Ohnmacht fallen konnte, tönte es aus dem hinteren Teil der Kirche:

„Phantastisch, diese Installation!"

Überrascht drehten wir uns um.

Wolle Wirtz von Eifel-Mosel-TV schwebte durch das Kirchenschiff.

„Interessant, ein Konzert mit einer Ausstellung zu verbinden. Richtungweisend ist das, hören Sie, richtungweisend!"

Simone und ich schauten uns an. Sie grinste.

„Und das Kreuuuuuz! Das Kreuz! Bert, guck doch mal, das Kreuz hier vorne!"

Bert Rassmussen schlurfte lustlos mit dem Kamerastativ hinter ihm her.

„Sind Sie die Künstlerin?" fragte er Simone interessiert.

„Nein", lächelte sie.

„Ich bin die Frau des Musikschulleiters!"

„Olli Schütz! Angenehm!" stellte ich mich vor.

Wirtz und sein Kameramann begrüßten uns kurz und machten sich an die Arbeit, die Kirche für die Filmaufnahmen auszuleuchten.

Noch fünfundvierzig Minuten.

Der Konzertraum füllte sich langsam, aber beständig. Hartmanns Installationen stießen dabei überwiegend auf Zuspruch. Einzig seine Tochter verschwand ein paar Minuten mit ihrem Vater in der Sakristei und diskutierte lautstark über sein Werk.

Unsere dreihundert Sitzplätze waren kurz vor Beginn fast alle besetzt. Die Schüler hatten ihre Eltern und Verwandten mitgebracht. Darüber hinaus waren einige Neugierige aus Belmersee gekommen.

Bei meiner Begrüßung konnte ich einige Ehrengäste willkommen heißen:

Die Pfarrerin, deren Vater Orgel spielen würde.

Den Landtagsabgeordneten Schneider, dessen Tochter Lara Geige spielte und den Supermarktchef Rüdigersen, der uns die Präsente gestiftet hatte, die Nikolaus und Knecht Ruprecht am Ende verteilen würden.

Erster Programmpunkt waren Markus und Marcel. Beide spielten seit einem Jahr Gitarre bei Andrew und wollten das Adventslied „Es kommt ein Schiff, geladen" vorspielen.

Kurz vor ihrem Auftritt hatten beide die gut geheizte Kirche verlassen und im Kircheneingang bei minus fünf Grad die Gitarren gestimmt.

Der plötzliche Temperaturabfall um dreißig Grad Celsius tat den Instrumenten nicht gut.

„Scheiße!" fauchte Markus.

„Mir ist eine Saite gerissen!"

„Brauchst Du die gleich?" fragte Marcel.

Markus überlegte.

„Nee, war die dicke `e-Saite´. Die brauche ich eh nicht. Ich benutze nur oben die drei!"

„Wo ist das Problem? Stimm die anderen und dann ist gut!"

Sie stimmten bibbernd ihre Gitarren.

Kaum hatten sie die warme Kirche wieder betreten, knallte es zweimal.

„Scheiße, jetzt ist die hohe `e-Saite´ auch gerissen! Da spiel ich fast alles drauf!" jammerte Markus.

„Mir auch! Egal! Nimm einfach die nächste!"

Beide gingen nach vorne in den Altarraum, Nicht ahnend, dass sich beide Gitarren wieder durch die mechanischen Einflüsse und Temperaturschwankungen auf das Übelste verstimmt hatten.

Sie verbeugten sich brav.

Applaus.

Sie setzten sich.

Marcel schien eine Vorahnung zu haben:

„Markus, gib mir mal ein ´e`!"

„Hab´ ich nicht! Geht auch ein `a´?"

Marcel nickte.

Die Ehrengäste in der ersten Reihe, die den Dialog verfolgen konnten, kicherten bereits in leiser Vorahnung.

Zwei völlig verschiedene Töne erklangen.

„Stimmt!" sagte Marcel zufrieden.

„Und los! Ein, zwo, drei…"

Das duo infernale gab alles. Markus improvisierte auf der völlig falschen Saite, Marcel spielte Akkorde, die näher an Zwölftonmusik waren als an allem anderen.

Es war muchsmäuschenstill.

Das Publikum saß gespannt da. Teils mit offenem Mund, teils mit Tränen in den Augen.

„Es läuft!" rief Marcel.

„Lass uns noch eine Strophe spielen!"

Ängstliche Blicke in der ersten Reihe. Beide Elternpaare vergruben ihre Gesichter in den Händen oder blickten versteinert gerade aus.

Marcel, der vorher nur sporadisch seltsame Akkorde geschraddert hatte, schlug in Heavy-Metal-Manier wild auf die verbleibenden Saiten ein.

So hatte das Adventslied „Es kommt ein Schiff, geladen" noch keiner gehört.

Nach quälenden drei Minuten war der Kahn nach langem Aufbäumen endlich untergegangen.

Tosender Applaus.

Beide verbeugten sich, gaben sich „fünf" und verließen zufrieden die Bühne.

Nun waren die Früherziehungskinder dran. Nataschas Gruppe hatte „Wir sagen Euch an den lieben Advent" vorbereitet. Zunächst kamen alle fünf mit einem anderen Adventslied singend nach vorne. Jeder hatte eine kleine Kerze in der Hand.

Vorne angekommen stimmten sie das geübte Lied an.

„Wir sagen Euch an den lieben Advent, seht nur die ERSTE Kerze brennt!"

Währenddessen wollte Natascha die erste Kerze entzünden, die Lilly in der Hand hatte. Doch Karla haute ihrer Früherziehungskollegin kurzerhand die Kerze auf den Kopf und schob sie zur Seite. Sie hielt Natascha ihre eigene kleine Fackel hin und freute sich, als diese als erste entzündet wurde. Lilly rieb sich den Hinterkopf.

„Wie süüüüß!"flüsterte Simone.

Nach und nach wurden die zweite, dritte und vierte Kerze ohne Zwischenfälle entzündet. Einzig Emma war übrig.

„Wir sagen Euch an den fünften Advent..." trällerten die Kleinen.

Fassungslos sahen Simone und ich uns an. Schon brannte die fünfte Kerze.

Rasender Applaus.

Natascha ergriff das Wort und bat um Entschuldigung für die Einführung eines weiteren Advents-Sonntages, aber sonst sei es nicht aufgegangen.

Wohlgemeinter Applaus und weiteres Gelächter begleiteten die Kleinen nach draußen. Wolle Wirtz schlug sich vor Begeisterung auf die dicken Schenkel. Bislang lief alles optimal.

Es folgten eine Reihe von Gesangsauftritten und Klavierstücken. Allesamt Schüler, die schon mit Vorkenntnissen zu uns gekommen waren und die für den qualitativ hochwertigeren Teil sorgten.

Dann warfen große Ereignisse ihre Schatten voraus: Jungorganist Kuno Hartmann und seine Interpretation von Jingle bells.

Um es für das Publikum erträglicher zu machen, hatte ich eine zweite Früherziehungsgruppe gebeten, während Kunos Performance mit kleinen Glöckchen zu läuten. Die Kinder hatten sie selbst aus Dosenschrott angefertigt.

Ich sagte den Meister an, wies auf seine Verwandtschaft mit der Hausherrin hin und betonte, dass er erst vier Orgelstunden genossen hatte.

Allein das brachte ihm einen Mörder-Sympathie-Applaus.

Dann wurde es still.

Auf Kunos Zeichen begannen die Kleinen, ihre Schellen zu schwingen. Kuno dirigierte mit ernstem und unnachgiebigem Blick, bis er den passenden Rhythmus gefunden hatte.

Mit den Händen fing er an.

Er machte seine Sache sehr gut, da man das Stück mit gutem Willen erkennen konnte. Doch die größte Hürde stand noch bevor: Die Pedale.

Mächtig ertönten die Bässe durch die Kirche. Kuno war tief ergriffen. Auch seine Tochter schaute stolz auf die Orgelempore.

Plötzlich blieb sein Holzbein in den Pedalen hängen.

Ein lang anhaltender, tiefer Ton erfüllte die Kirche.

„Scheiße!" brüllte Kuno und riss wie ein Wahnsinniger an seinem Bein.

„Weiterklingeln!" fuhr er die Früherziehungskinder an, die vor Schreck das Klingeln vergessen hatten.

Eine Weile ging es gut. Dann wieder ein langer Ton.

„Scheiße! Und ihr sollt weiterklingeln, hab ich gesagt!" tobte Kuno.

Pfarrerin Nelke-Hartmann blickte zum Himmel.

Die Kleinen hatten aufgehört zu klingeln und weinten fast alle.

„Dann klingel ich halt selber!" rief Kuno und löste mit drei Kippschaltern die gesamte Glockenbatterie der Kirche aus.

Unter lautem Glockengeläut brachte er sein Stück zu Ende, trat an den Rand der Empore und badete im Applaus.

Wolle hatte Rassmussen, der kurzzeitig eingenickert war, begeistert auf den Kopf gehauen und wies auf die Empore. Der Kameramann hielt drauf.

Nach erloschenem Applaus hörte man nur noch leises Schniefen der Früherziehungkinder und das Seufzen von Frau Nelke-Hartmann.

Letzter offizieller Punkt im Programm war die Tochter des Landtagsabgeordneten. Tara Schneider hatte mit Jaqueline Meißel, die Querflöte spielte, ein Duett gebildet. Tara wurde von Inken betreut, während Jaqueline Schülerin von Berni war.

Beide Lehrer hatten sie vor ihrem Auftritt noch einmal bestärkt:

„Ihr schafft das!" sagte Berni und klopfte beiden auf den Hinterkopf.

„Toi, toi, toi!" strahlte Inken und spuckte jeder am Ohr vorbei.

„Ich bin so nervös!" klagte Tara.

„Mein Vater ist heute da! Der erwartet immer Glanzleistungen von mir. Wenn ich nicht die beste bin, ist was los zu Hause! Ich fürchte, ich werde dem nicht gerecht!"

„Dein Vater wird stolz auf dich sein!" baute Inken sie auf.

„Mach dir keine Gedanken!"

„Bist Du nicht nervös?" fragte Berni seine Schülerin.

„Nö", sagte Jaqueline. „Meine Eltern haben mich auch lieb, wenn es nicht klappt!"

Peng! Tara brach mit einem Heulkrampf zusammen.

„Wir haben jetzt keine Zeit für Tränen!" drängte Berni.

„Olli hat Euch schon angesagt!"

Inken wischte Taras Tränen ab und hauchte ihr ein Küßchen auf die Wange.

„Ich glaub´ an Dich!"

Tara lächelte.

Beide gingen nach vorne und verbeugten sich.

Applaus.

Unsicher blickte Tara zu ihrem Vater, der nur ernst nickte und ihr die gedrückten Daumen entgegenstreckte.

Während der ersten Töne seiner Tochter wandte sich Schneider seiner Frau zu und sagte ihr etwas ins Ohr. Tara riss das völlig aus der Konzentration. Sie drehte sich mit der Bewegung des Abgeordneten nach links und stach beim Aufstrich der ins Spiel vertieften Jaqueline den Geigenbogen ins Auge.

Jaqueline ließ, böse getroffen, die Querflöte mir einem lauten „Aaaaah" zu Boden fallen. Während das teure Instrument die steinernen Altarstufen nach unten hüpfte, brachen eine Reihe Klappen ab.

Totenstille.

Berni starrte nach vorne wie das Huhn auf die Schlange.

„Kannst du ihr nicht Deine Flöte geben?", fragte ich ihn leise.

Er schüttelte den Kopf.

„Wieso?"

„Weil es schon meine war. Sie hatte ihre zu Hause vergessen! Dreitausend Euro im Eimer!"

Er schüttelte den Kopf.

Während sich Jaqueline vor dem Barockaltar auf dem Schafsfellteppich der Frauenhilfe vor Schmerzen wand und das Auge hinderte, den Körper zu verlassen, spielte Tara ungerührt weiter.

Nachdem er sich versichert hatte, dass viele schauten, nahm sich Vater Schneider öffentlichkeitswirksam der weinenden Jaqueline an und stütze sie zur Sakristei.

Nachdem Tara das Duett solistisch zu Ende gebracht hatte, brach das Publikum in Applaus, Tara jedoch in Tränen aus.

Trost fand sie bei ihrem Vater, der schnell aus der Sakristei geeilt kam. Wahrscheinlich hatte der Abgeordnete zum Anfassen kurzfristig eigenhändig eine Not-OP vorgenommen.

„Das hast Du ganz hervorragend gemacht!" flüsterte er.

„Wirklich?" schluchzte sie mit fragendem Blick.

„Wirklich! So konsequent, wie du die Andere ausgestochen hast, steht dir später eine glänzende politische Karriere bevor. Im Schatten eines Schneider kann nichts anderes wachsen. Ganz der Vater. Ich bin so stolz!"

Beide nahmen wieder im Publikum Platz. Der Ersthelfer sonnte sich im Zuspruch seiner Sitznachbarn, die gerührt waren von soviel uneigennütziger Nächstenliebe und dies gestenreich zum Ausdruck brachten.

Laut meiner Planung war das Duett der Schlusspunkt des Konzertes. Es war auch gut so, da die Konzentration von Schülern und Eltern langsam aber beständig nachließ.

Ein Blick durch die Reihen zeigte mir jedoch einige Schüler mit Instrumenten, die noch nicht aufgetreten waren.

In solchen Momenten war es immer besser, in die Offensive zu gehen.

„Habe ich noch jemanden vergessen?" fragte ich scheinheilig in die Runde.

Zehn bis fünfzehn kleine Finger gingen stückweise nach oben und ein Ächzen durch das Publikum. Simone blickte finster und verschränkte die Arme.

Irgendwie musste uns bei der Planung ein kleiner Fehler unterlaufen sein.

Der Reihe nach durften sie alle vorspielen. Unser Konzert erreichte dadurch locker die magische Dreistundengrenze. Erste Familien packten Essen aus, Kinder weinten vereinzelt, weil sie aufs Klo mussten und keines fanden, eine junge Mutter stillte.

„Ist noch jemand da, den ich vergessen habe?" fragte ich nach der ungeplanten Zugabe.

Mit bösem Blick schauten die erwachsenen Zuhörer ängstlich um sich. Selbst, WENN ich jemanden vergessen hatte, würde er sich garantiert nicht melden.

Die Finger blieben unten. Kollektives Aufatmen.

„Dann kommt jetzt der letzte Punkt! Der Nikolaus!"

Andrew, der unbedingt den Nikolaus spielen wollte und Berni, sein finsterer Assistent Knecht Ruprecht, hatten in ihren dicken Kostümen während der einstündigen Zugabe in der Sakristei Blut und Wasser geschwitzt und waren reichlich angenervt.

Zur Musik der Flötengruppe „Niklaus komm in unser Haus", zogen sie jeweils ein Leiterwägelchen hinter sich her. Darauf kleine bunte Päckchen.

Hannes Rüdigersen vom örtlichen Lebensmittelmarkt hatte sie gesponsert und ging den beiden beim Verteilen zur Hand.

Andrew war beim besten Willen nicht zu erkennen, da er einen mächtigen weißen Klebebart im Gesicht hatte.

Berni hatte sich die Kapuze soweit nach unten gezogen, dass man nur noch einen dunklen Fleck als Antlitz sah. Er wäre locker als der schwarze Abt durchgegangen.

Um den Bauch trug er eine schwarze Kordel, an die er statt der Reisigrute eine Pferdegerte gebunden hatte.

Knecht Ruprecht war wohl was lange im Burgfried, dachte ich. Gut, dass er keinen Elektroschocker am Gürtel hatte.

Am eindrucksvollsten war das verwunderte bis zutiefst erschrockene Gesicht der Kinder, wenn sie realisierten, dass die beiden unbekannten, Schreck einflößenden Gestalten ihre Namen kannten.

„Warst Du auch schön brav, Jan", fragte der Nikolaus den verschüchtert blickenden Jan Pulver.

Jan nickte.

„Dann zeig mal Deine Fingernägel!"

Jan schrie auf und wollte weglaufen. Tränen schossen in seine Augen. Doch Nikolaus war schneller und hatte ihn am Wickel. Simone schreckte auf.

„Fein! Gaanz kurz! So muss sein! Very good!"

Jan strahlte und Andrew gab ihm ein Geschenk.

In Bernis Schlange näherte sich Tara Schneider. War Flötenberni bislang sehr herzlich zu den Kindern, zog er nun seine Gerte und klopfte sie leicht auf seine Handfläche. Ich hörte ihn nervös husten. Das war kein gutes Zeichen.

Ich ging nach vorne und nahm Tara an die Hand.

„Komm, wir gehen zum Nikolaus, da ist weniger los!"

Tara lächelte und folgte mir bereitwillig zu Andrew.

Ich ging zu Rüdigersen.

„Nochmals tausend Dank für das Sponsoring. Was ist eigentlich in den Päckchen?" flüsterte ich.

„Schulsachen? Schokonikoläuse?"

Rüdigersen lachte.

„Nee! Hausmacher Leberwurst und Nagelsets! Das kann man doch immer brauchen!"

Mir wurde schwindelig.

Während Nikolaus und Ruprecht fleißig ihre Schlachtwaren verteilten, löste ich die Versammlung auf, dankte allen Teilnehmern und wies ausdrücklich darauf hin, die Pakete erst Heilig Abend zu öffnen. Bis nach den Ferien hatten mir Kinder und Eltern hoffentlich verziehen.

Gleichzeitig betete ich, dass Jan die Leberwurst erwischte, weil ein Nagelset sicher zu einer Psychose führen würde.

Danke

Ich danke den Lehrerinnen und Lehrern sowie den Schülerinnen und Schülern unserer Musikschule für die praktischen Anregungen, die dieser völlig erfundenen Geschichte zu Grunde liegen.

Weiterhin danke ich den Lektorinnen Annette Clauß, Kerstin Hassel-Seifen und Annett Kosche für ihre Anregungen.

Meiner Frau, Sabine Bätzing, danke ich für ihren Zuspruch, ihr Testlesen und ihr motivierendes Lachen.

Schließlich danke ich Olli Schütz für die Bereitschaft, mir auch bei der Eröffnung seiner zweiten Schule und damit für eine Fortsetzung zur Verfügung zu stehen.